Roger Schutz
Prior von Taizé

R. Schutz / M. Thurian
Das Wort Gottes auf dem Konzil
Band 289 142 Seiten

Warten auf das Ereignis Gottes
Band 365 126 Seiten 6. Aufl.

Die Gewalt der Friedfertigen
Auf der Suche nach dem dritten Weg
Band 421 128 Seiten 3. Aufl.

Kampf und Kontemplation
Band 493 · 128 Seiten

in der Herderbücherei

Herderbücherei

Band 472

Über das Buch

Viele Menschen, denen das Christentum nur noch Last und Verpflichtung ist, begegnen in der Gemeinschaft von Taizé einem Christentum, das Roger Schutz ein „Fest ohne Ende" nennt. In seinen Gesprächs- und Tagebuchaufzeichnungen spürt der Prior von Taizé den Quellen dieser unerschütterlichen Freude nach, die sich auch dem Leser bald mitteilt. Man erfährt in diesem Taschenbuch, daß es eine glaubwürdige Alternative gibt zu der inneren Armut unseres organisierten Wohlstandes.

Über den Autor

Roger Schutz ist Prior und Gründer der ökumenischen Communauté von Taizé. 1940 ließ er sich allein in Taizé, einem kleinen Dorf in Burgund, nieder. 1942 schlossen sich ihm die ersten Brüder an, 1949 verpflichteten sie sich zum gemeinsamen Leben unter dem Zölibat, der Anerkennung einer Autorität und der Gütergemeinschaft. Heute zählt die Communauté über 70 Brüder verschiedener christlicher Traditionen aus europäischen und amerikanischen Ländern. Die Communauté von Taizé hat sich zur Aufgabe gestellt, für die sichtbare Einheit der Christen zu arbeiten, die Voraussetzung ist für den Auftrag der Christen in der Welt. Einige Brüder von Taizé leben zeitweilig in kleinen Gruppen in Afrika, in den USA und in Lateinamerika, wo sie mit den Ärmsten ihr Leben teilen. In Taizé wie auch in der Ferne treffen sich die Brüder dreimal täglich zum gemeinsamen liturgischen Gebet.
Roger Schutz hat als Prior von Taize als Beobachter am II. Vatikanischen Konzil teilgenommen. Er steht in ständiger Verbindung mit Rom, Konstantinopel und dem Weltkirchenrat in Genf. Er ist Autor mehrerer Bücher: Die Regel von Taizé – Einheit und Zukunft – Dynamik des Vorläufigen – Einmütig im Pluralismus – Warten auf das Ereignis Gottes – Die Gewalt der Friedfertigen.

Roger Schutz

Prior von Taizé

Ein Fest ohne Ende

Auf dem Weg zum Konzil der Jugend

Herderbücherei

Veröffentlicht als Herder-Taschenbuch
Lizenzausgabe des
Gütersloher Verlagshauses Gerd Mohn
Die französische Originalausgabe erschien 1971
unter dem Titel
„Ta fête soit sans fin" in © Les Presses de Taizé
Autorisierte deutsche Übersetzung von Karlhermann Bergner

Umschlagfoto: Foto-CIRIC, Genève

1. Auflage Oktober 1973
2. Auflage August 1974

Herder Freiburg · Basel · Wien
Herder Druck Freiburg im Breisgau 1974
ISBN 3-451-01972-8

Meinen Freunden
Lothar Kreyssig und Hans Lehndorff

Im Gedenken an Dietrich Bonhoeffer

Inhalt

Ich will in diesem Buch versuchen, ganz offen zu sprechen, und alle falschen Vorstellungen von mir weisen.

Mich arm zu wissen gibt mir die Fähigkeit, ich selbst zu sein.

Mit dieser Armut liebt der Mensch, schafft, kämpft und wundert sich. Aber der hohe Preis dafür ist seine Freiheit.

Wenn das Fest aufhörte ...

Wenn das Fest unter den Menschen aufhörte ...

Wenn wir eines Morgens in einer gut organisierten, funktionellen, satten Gesellschaft, die aber bar jeder Spontaneität wäre, erwachten ...

Wenn das Gebet der Christen ganz und gar Sache des Verstandes würde, wenn es so sehr säkularisiert würde, daß es keinen Sinn für das Mysterium, für die Poesie mehr kennen würde, so daß für das Beten des Leibes, für Intuition, für das Gemüt kein Platz mehr vorhanden wäre ...

Wenn das gedrückte Bewußtsein der Christen eine Seligkeit ablehnte, die der anbietet, der auf dem Berg der Seligpreisungen siebenmal sagt: Selig sind ...

Wenn die Menschen der nördlichen Welthälfte erschöpft von all den Anstrengungen die Quelle aus den Augen verlören, aus der sie den Geist des Festes schöpfen, das noch unter den Menschen der südlichen Welthälfte lebendig ist ...

Wenn das Fest im Leib Christi, der Kirche, verstummte, wo gäbe es dann noch auf der Welt einen Ort der Gemeinschaft für alle Menschen?

Ich spüre diesen Hunger nach Gemeinschaft, der in jeder Generation der gleiche ist, der stark, bis zur Angst, bei den Jugendlichen ausgeprägt ist, die zu uns auf den Hügel heraufkommen:

Hunger nach Gemeinschaft mit den Menschen in ihren Kämpfen und Sehnsüchten. Und das in einer Zeit, in der wir erleben, daß Menschen einander nicht mehr vertrauen können.

Hunger nach Gemeinschaft mit Christus. Für viele Jugendliche ist es eine starke Realität, vor Gott zu stehen, ob sie nun zu einem Dialog von Angesicht zu Angesicht fähig sind oder nicht.

Wenn das Fest in mir verstummte, hätte ich dann noch die Kraft, immer wieder von neuem nach Gemeinschaft mit den neuen Generationen zu suchen?

Ich weiß es, denn ich erlebe es: Der erste Kontakt mit den Jugendlichen ist manchmal mühselig. Sie hegen zunächst Vorbehalte denen gegenüber, die die Last der Autorität tragen. Ihre erste Frage ist nicht selten schroff. Sie wollen bei diesem Mann, der da vor ihnen steht mit seinen Lebensjahren, seiner Vergangenheit, seinem weißen Gewand und dem Kreuz Christi darauf, erst einmal „die Temperatur messen". Dem kann man nicht entfliehen, man muß zuhören, damit Vertrauen sichtbar wird. Ein Blick trifft mich. Um darauf aus meinem Innersten heraus zu antworten, suche ich nach einem Wort, nach einem Bild. Wahrscheinlich noch am meisten überrascht und am eindringlichsten befragt, bin ich selbst, der ich dieses Wort ausspreche.

Sonntag für Sonntag nach der Eucharistie versuche ich, auf die Fragen Antwort zu geben, die am Vorabend von den jungen Menschen formuliert worden sind. Oft genug sehe ich mich veranlaßt, ihnen zu sagen: Ich kann euch nur ein Stück zu einer Antwort geben, so etwas wie einen inneren Dialog, den ich laut vor euch führe. Es liegt an euch, ihn in euch fortzusetzen.

Wie soll man sich verständlich machen angesichts einer solchen Vielfalt und Verschiedenheit der Mentalitäten und der nationalen Herkunft? Es gibt Tage, an denen ich kaum weiß, wohin ich meinen Fuß setzen soll: Unter den Anwesenden sind manche, die nach Taizé gekommen sind, um es ein letztes Mal mit der Kirche zu versuchen. Werden meine Worte sie endgültig zurückstoßen, so daß keine Hoffnung bleibt? Doch wenn das Fest aufhörte...

DIALOG

Das Fest und der Kampf

Bruder Roger, wenn Sie von Fest sprechen, können Sie uns näher erklären, um was es sich handelt? Für uns bedeutet Fest zunächst einmal: frei sein von jedem Zwang, also Freiheit, Spontaneität. Nun zwingt man uns aber von morgens bis abends in Grenzen hinein.

Ja, Spontaneität und Freiheit hängen mit dem Fest zusammen.

Das Fest ist so etwas wie ein kleines Feld, das man in sich bebaut, ein kleiner Sportplatz, auf dem sich Freiheit und Spontaneität üben. Allerdings hat dieses Feld eine Grenze: Ich darf das Empfinden des anderen nicht verletzen und mich seiner nicht bemächtigen.

Aber solange der andere nicht in seiner Freiheit verletzt wird, solange er in seiner Kreativität anerkannt wird, so lange jubelt das Fest in uns, ausgehend von jenem kleinen Wurzelboden ursprünglicher Lebenskraft.

In jedem Menschen gibt es einen Bereich der Einsamkeit, den keine noch so innige menschliche Vertrautheit ausfüllen kann: Dort begegnet uns

Gott. Und dort, in solcher Tiefe, findet sich das Fest des auferstandenen Christus.

Von jetzt an entdecken wir den auferstandenen Christus tief in uns selbst. Er ist unser Fest.

Aber wie kann man das Fest leben und davon sprechen, wenn man all das kennt, was die Welt daran hindert, das Fest zu leben, nämlich Kriege, Leid, Ungerechtigkeit in all ihren Formen?

Es ist unerträglich, von den Tragödien unserer Zeit, den Kriegen, der unwürdigen Behandlung rassischer Minderheiten zu wissen. Vielleicht wird ein Mensch in vorgerücktem Alter, wenn ihn ein langes christliches Leben feinfühlig gemacht hat, sogar noch stärker von solchen Geschehnissen berührt. Das Unerträgliche ist das Elend des Menschen, des Menschen, der in unsern Augen geheiligt ist. Wie kann man die Arme baumeln lassen, wenn man sieht, wie der Mensch Opfer des Menschen wird?

Aber gehen wir in unserm Durst nach größerer Gerechtigkeit auch so weit, auf das Fest in uns zu verzichten, das jedem Menschen gegeben wird? Dann allerdings bliebe uns weiter nichts, als uns unter der Last unserer Hoffnungslosigkeit zu beugen und der gesamten Menschheit unsere Traurigkeit anzubieten.

Sollen wir daran gehindert werden, in den Kampf und Streit für die Gerechtigkeit einzutreten, wenn wir das Fest leben? Im Gegenteil! Das Fest hat nichts mit flüchtiger Euphorie zu tun. Es wird durch Christus in Männern und Frauen lebendig, die die Weltlage in voller Klarheit sehen und fähig sind, die schwersten Geschehnisse auf sich zu nehmen. Aber diese Männer und Frauen wissen, daß auch in ihnen der Drang nach Macht und Unterdrückung wohnt, aus dem jeder Krieg und jede Ungerechtigkeit hervorgeht. Sie wissen, daß der Kampf zuerst in ihnen selbst beginnt, wenn sie nicht, ohne es zu wissen, zu den Unterdrückern gehören wollen.

Dann wird der Kampf selbst zum Fest: ein Fest des Kampfes, damit Christus unsere erste Liebe sei, und Fest des Kampfes für den niedergetretenen Menschen.

Das Fest ist mit der Vorbereitung des Konzils der Jugend eng verbunden. Können Sie uns sagen, welche grundlegenden Gedanken Sie dazu geführt haben, Ostern 1970 das Konzil der Jugend anzukündigen?

Die Idee für ein Konzil der Jugend kam durch einen Mißerfolg: durch die Sackgasse, in der sich die Ökumenische Bewegung befindet angesichts der brutalen Ablehnung der Kirche durch viele Menschen. Der Mißerfolg selbst kann der Motor zur Überwindung eines Hindernisses werden.

Sind wir nicht nach Jahren guter ökumenischer

Arbeit, die immerhin Ergebnisse brachte, plötzlich wie blockiert?

Schon seit längerem sagen mir junge Menschen, die christlichen Konfessionen hätten sich unter Berufung auf den Ökumenismus in einer Parallelexistenz festgefahren. Von der Gleichgültigkeit unter den getrennten Christen sind wir zu freundlicheren Beziehungen gelangt. Aber diese Beziehungen münden nicht in die konkrete Einheit im Leibe Jesu Christi ein. Die christlichen Konfessionen leben parallel nebeneinanderher und brauchen sich von daher nicht mehr die vitale Frage nach der Sichtbarmachung der Einheit stellen. Ohne Einheit aber kann man niemanden einladen.

In dieser Lage stellte ich mir die Frage: Was können wir tun? Der Ökumenismus ist an einer Grenze angelangt. Wer wird sie durchbrechen?

Die Idee zum Konzil der Jugend begann zuerst im Februar 1969 zu keimen. Während der Fastnachtsferien der Universitäten waren, ohne daß wir damit gerechnet hätten, Jugendliche aus zweiundvierzig Nationen nach Taizé gekommen. Ich sagte mir: Leben wir hier nicht ein unerwartet zusammengekommenes Konzil der Jugend?

Damals stellten mir die Jugendlichen unerbittliche Fragen, Fragen, die übrigens immer wieder gestellt werden: „Was sollen wir tun, wenn wir wieder zu Hause sind in unseren verschiedenen Heimatländern?“ Und ich sah mich außerstande, ihnen eine konkrete Antwort zu geben.

Bald kam ich zu dem Schluß: Wir können nicht länger ohne Antwort bleiben. Sagen wir ihnen weiterhin: Geht nach Hause zurück, und macht dort weiter, wo ihr seid, so wird das zu einem Alibi. Ohne es zu wollen, treiben wir dadurch, daß wir keine Antwort haben und uns weigern, etwas zu unternehmen, viele in die Gleichgültigkeit.

Es wurde wichtig, ein Mittel zu finden, das uns provisorisch, aber doch für eine bestimmte Zeit zusammenhalten sollte, und uns auf der ganzen Welt die gleichen Fragen zu stellen, ohne dabei eine neue Bewegung ins Leben zu rufen. Tatsächlich hat Taizé niemals eine Bewegung ins Leben gerufen, wie es auch niemals eine „Theologie von Taizé" oder „Spiritualität von Taizé" geben wird. Taizé ist nur der Name für eine monastische Familie.

„Ökumene" bedeutet „der ganze bewohnte Erdkreis, alle Menschen auf der Erde".

Kein Suchen nach christlicher Einheit ist denkbar ohne den Willen, überall hinzugehen und mit anderen zusammenzutreffen. Da wir ein paar Tage hindurch mit Jugendlichen aus zweiundvierzig Nationen gemeinsam suchen konnten, ohne irgendeine Vorbereitung, werden wir weit kommen können mit Jugendlichen aller Länder, wenn wir uns vorbereiten und uns Zeit dazu nehmen.

Während des Sommers 1969 neigte ich dann eher dazu, den Gedanken an ein Konzil der Jugend von mir zu weisen, einmal aufgrund der Überlegung, daß ein solches Unternehmen unsre Möglichkeiten übersteigen würde, zum anderen aus dem Gedanken heraus, daß wir nicht den Mut zu einem derartigen Engagement aufbringen würden. Wir haben daraufhin in einer anderen Richtung nach Lösungen gesucht.

Den ganzen Sommer hindurch hat dann Margarita Moyano, eine junge Frau aus Buenos Aires, an der Gestaltung des Treffens gearbeitet. Als Generalsekretärin der katholischen Jugend Lateinamerikas war sie ein lebendiges Zeichen für die Partnerschaft zwischen Lateinamerika und Europa.

Sie machte uns empfindsam für einen oft von jungen Lateinamerikanern formulierten Appell an uns: „Wie kann man das Antlitz der Kirche deutlich sichtbar machen, die in Wahrheit arm, missionarisch und österlich ist, die losgelöst von aller weltlichen Macht und wagemutig an der Befreiung des ganzen Menschen und jedes Menschen beteiligt ist?“ (Konferenz von Medellín, 1968.) Wir überlegten, mit welchen konkreten Mitteln wir auf diese Frage antworten könnten.

Die Idee eines Konzils der Jugend ist uns dann im Winter wieder gekommen, und wir haben sie erneut mit dem internationalen Team Jugendlicher, das vierzehn Tage vor Ostern in Taizé zusammengekommen war, ernstlich geprüft.

Es dauerte länger als ein Jahr, vom Februar 1969 bis Ostern 1970, bis ein Gedanke, der erst wieder verworfen, dann erneut aufgenommen worden war, öffentlich verkündet werden sollte. Und die treibende Kraft für diese Ankündigung war eine Sackgasse, in der wir uns immer mehr eingeschlossen fanden und aus der wir herauszukommen versuchten.

Tagebuch

Februar – Juni 1969

20. Februar 1969
Als ich mir 1940 das Dorf Taizé auswählte, war ich allein. In der Stille der Wüsten gewinnt die Begegnung mit Gott an Intensität. Der Mensch ist in der Einsamkeit empfindsamer für die Gegenwart Gottes in ihm.

Der dauernde Aufenthalt in der Wüste widerspricht der Natur des Menschen. Er braucht seine ganze Aufmerksamkeit, um die belebte Stille in ihrer ganzen Fülle zu erfassen.

Wir lebten lange Zeit in gewollter Einsamkeit, ohne allerdings isoliert zu sein. Unser Leben war vom ersten Tag an ständig von menschlichen Begegnungen durchwoben. Nach zwanzig Jahren gemeinsamen Lebens befanden wir uns plötzlich wie in die Öffentlichkeit geworfen. Sieben Jahre brauchten wir (von 1962 bis 1969), um zu begreifen, was uns geschah.

Auch wenn wir viele bei uns aufnahmen, konnten wir doch immer wieder stille, friedvolle Plätze auf dem Hügel schaffen. Ich frage mich: Stärken nicht diese einfachen Werte unsere schöpferischen Tatkräfte?

Und nun sind mit einmal mitten im Winter junge Menschen aus 42 Nationen hier versammelt. Das war völlig unvorhergesehen. Wir haben gemeinsam nachgedacht. Zweiundvierzig Nationen: Wir leben zusammen wie ein kleines Konzil der Jugend.

Diese Jugendlichen können oft sehr uneigennützig sein. Solche Eigenschaften haben sie durch Christus. Sie haben eine Scheu vor Privilegien für sich selbst und können ebensowenig jede Art von Kastengeist ertragen. Mit ihnen wird die Kirche weit vorankommen.

22. Februar

Das Fernsehen in der Kirche. Die Kameraleute sind ohne vorherige Anmeldung gekommen. Was soll man ihnen sagen? Ihre Sendeleitungen haben sie geschickt, und sie haben über tausend Kilometer zurückgelegt – die einen von Rom, die anderen aus Deutschland. Die meisten von ihnen sind Familienväter – sie abweisen wäre unmenschlich.

Ich bestehe auf vollkommener Diskretion. Sie sollen hochempfindliches Filmmaterial verwenden, um die Scheinwerfer zu vermeiden. Aber ich weiß, daß sie auch nichts Unmögliches leisten können.

Dann sehe ich mich vor dem Beginn des gemeinsamen Gebets dazu genötigt, einmal mehr vor dem Mikrofon den Anwesenden zu sagen: „Heute werden wir während unseres Gebetes für ein paar

Minuten vor den Objektiven der Kameras stehen. Manche von uns werden diesen Einbruch nicht gut ertragen, weil sie Sinn und Bedeutung des Gebetes sehr ernst nehmen. Doch gibt es auch andere, die das Gebet nicht minder ernst nehmen, sich aber freuen, daß auf diese Weise eine Kommunikation mit einer großen Menge zustande kommt.“

23. Februar

Langes Gespräch mit R. Der Bruder fragt mich nach den Gebeten, die ich jeden Mittag in der Kirche improvisiere. Er möchte wissen, warum ich darin so viele Anspielungen auf die Dunkelheit, die innere Armut und die Finsternis mache. Der Grund ist, daß ich nicht in Illusionen lebe. Ich weiß von dem Kampf, der in der Kirche, dem Leib Christi, ausgetragen wird. Die Kirche wird diesen Kampf überstehen. Sie wird an ihm nicht zugrunde gehen. Indem sie ständig geboren wird, wird sie neu geschaffen.

Von unseren eigenen Dunkelheiten und unserer Armut spreche ich um so mehr mit Gott, als sich zur Zeit so viele Christen ihrer Begrenzungen bewußt sind. Ich selbst habe meine Armut auch nicht zu verbergen. In diesem Punkt muß ich alle enttäuschen, die annehmen, unsere Berufung verleihe uns ein besonderes Privileg. Genauso wie sie und mit ihnen beginne ich tagtäglich denselben Weg: von meiner Nacht hin zum Licht – oder auch vom Zweifel zum Glauben.

24. Februar

Man sollte Erregbarkeit und Empfindsamkeit nicht miteinander verwechseln. Ich wehre mich gegen leichte Erregbarkeit (außer bei seltenen und tiefgreifenden Emotionen): Ich muß meine Kräfte, die ohnehin nicht beträchtlich sind, besser gebrauchen. Ich wehre mich dagegen, da mein Werdegang wie der unserer Gemeinschaft, der Kirche oder der Gesellschaft unabhängig von meiner Erregbarkeit ist. Aber die Empfindsamkeit bleibt lebendig angesichts so vieler ernster Situationen.

26. Februar

Bob Kennedy schreibt irgendwo, wie schwer es für die Menschen, die seinem Bruder, dem Präsidenten, begegneten, gewesen sei, sie selbst zu bleiben. Der Besucher des Präsidenten neigt dazu, auf das einzugehen, was er als Gedanken des Präsidenten erahnt. Eines Tages begleitet er einen Freund zu seinem Bruder. Wie erstaunt ist er, aus dem Munde seines Freundes das Gegenteil von dem zu hören, was er zu sagen und zu vertreten entschlossen war. Wie können da Staatsmänner von einer bestimmten Stufe an informiert werden?

Tatsächlich haben wir genau dasselbe auch im Leben der Kirche. Mir ist es mehr als einmal widerfahren, daß ich vor einem Gespräch die Brüder bat, sie möchten für mich beten, daß ich ich selbst bleibe und den Mut behalte.

27. Februar

Wir werden verwundert sein, wenn wir im Jenseits denen begegnen, die, unwissend, ohne Christus zu kennen, aus ihm gelebt haben.

1. März

In den vergangenen Jahren sagten mir immer wieder Protestanten (und unter ihnen Pastoren mit hohem persönlichem Ansehen): „Seit dem Vatikanischen Konzil hat die katholische Kirche die von der Reformation gestellten Fragen so weit beantwortet, daß der Protestantismus seine gesonderte Daseinsberechtigung verloren hat. Seither sind seine höchsten Wünsche von der katholischen Kirche aufgenommen worden. Wird der Protestantismus daraus die Konsequenzen ziehen oder neue Rechtfertigungen für die Trennung finden?"

Und nun stellt sich heute die Frage: Ist der Protest nicht auf dem besten Wege, sich mitten in der katholischen Kirche durchzusetzen? Noch vor wenigen Jahren hätte ich so etwas niemals geglaubt. Die Reformation des 16. Jahrhunderts wollte gegen Mißstände protestieren, und auf diesen Protest ist die Antwort gegeben. Heute jedoch richtet sich der Protest innerhalb der katholischen Kirche nicht mehr unbedingt gegen Übertreibungen; manchmal sieht er sein Ziel in sich selbst. Alles wird mehr oder weniger in Frage gestellt. Wir sind weit entfernt vom Ausgangspunkt des Ökumenismus. Ein heftiger Wind ist aufgekommen. In den Augenblicken, in denen er sich legt, reißt man die Augen auf und sieht nach, was ihm standgehalten hat.

2. März

Taufe des kleinen Bruno in der Kirche von Taizé. Da die Eltern sich nicht am Leben der Pfarrei beteiligen, hatte der Priester ihnen nahegelegt, die Taufe auf einen späteren Zeitpunkt zu verschieben. Aber angesichts ihrer Betroffenheit und ihres Wunsches, die Taufe zu verstehen, hat er schließlich nachgegeben.

Was für ein Fest ist diese Taufe! Man sieht die Verwunderung der Familie deutlich. der Großvater erkennt nichts mehr wieder von dem, was er von früher gewohnt ist. Das gesamte Taufgeschehen erscheint ihm mit einemmal vertraut und verständlich.

Bei meiner Heimkehr von der Taufe berichtet mir ein Bruder, daß ein junger Familienvater aus der Nachbarschaft verstorben ist. Ich gehe still auf mein Zimmer. Ich habe diesen jungen Mann, der seinen ganzen Urlaub im Hause seiner Familie in der Nähe von Taizé verbrachte, kaum gekannt. Seine Angehörigen waren besten Gewissens überzeugt, ein Kontakt sei aus Gründen der Unterschiede in der kirchlichen Lehre unmöglich. Vor vier Jahren, am Morgen des 25. Jahrestages meiner Ankunft in Taizé, war ich zu der Messe gegangen, die ein Priester aus dieser Familie feierte – ein wahrer Patriarch im Kreise der Seinen. Ich hatte mein Kommen angekündigt. Nach der Messe waren alle gegangen; ich blieb und wartete, bis der Priester aus der Sakristei kommen würde. Da ich ihn nicht herauskommen sah, ging ich aufs Geratewohl hinein, um ihn zu begrüßen. Sein Begrüßungswort war: „Die Kirche ist unversöhnlich." „Ja", entgegnete ich, „und doch sehen wir, wie sich überall Tore aufzutun beginnen." Ich habe versucht, ihm von all dem zu berichten, was wir mit katholischen Christen, etwa mit denen aus Lateinamerika, erlebten.

4. März

Heute morgen erhalte ich einen Brief von der Frau des jungen Verstorbenen. Sie beantwortet meinen kurzen Brief an sie folgendermaßen:

„Im gleichen Augenblick, in dem der Herr meinen Mann zu sich gerufen hat, versichern Sie mir, daß Ihre Communauté für ihn betet ... Da ich heute Gelegenheit dazu habe, möchte ich Ihnen sagen, wie oft und viel Ihre Gedanken Quelle zu gemeinsamem Nachdenken in unserer Ehe gewesen sind, wenn wir auch nie die Freude hatten, uns mit Ihnen unterhalten zu können. Besonders oft vielleicht haben wir ‚Das Heute Gottes' gelesen und gemeinsam darüber nachgedacht."

Hier gab es also über die Trennungen hinweg bereits eine Begegnung. Ich bin dadurch beschämt.

5. März

Unter Christen wie unter Atheisten werden allzu viele lebendige Kräfte damit in Beschlag genommen, im abstrakten Raum Idealgesellschaften zu konstruieren. Am Ende solcher Bemühungen haben wir dann zwar eine Fülle von Ideen, aber es kommt nichts Konkretes dabei heraus für die Menschen. Der Protest selbst wird zu einer Ideologie und hört auf, schöpferische Kritik zu sein.

Mir scheint indessen nichts schlimmer, als in der Rolle eines Ideologen zu leben. Ich möchte mich von Ideologien frei machen und mir den Luxus versagen, Kräfte zu vergeuden, die so wesentlich sind, um die Erde bewohnbar zu machen.

6. März

Abwechslung, Provisorium: beides hat für mich große Bedeutung. Aber ich weiß auch, daß viele dahinter eigentlich ihre Unzufriedenheit verbergen. Für sie scheint es, als hätte der Wechsel an sich schon magische Wirkung. Änderungen schaffen Gefühle, geben Frieden, eine Zeitlang fühlt man sich wie verwandelt. Aber die Zeit vergeht, und es kommt der Augenblick, in dem sich der Mensch wieder sich selbst gegenübersieht. In seinem Innern ist trotz des Wechsels alles geblieben, wie es war. Und nun wird er erneut unersättlich. Alles um mich herum soll sich ändern, damit ich selber an Ort und Stelle stehenbleiben kann, damit ich nicht den Preis einer Wandlung in mir selbst zu bezahlen brauche. Und der Kreis beginnt von neuem.

7. März

Wer wird je erfassen, was der Blick eines Menschen alles ausdrückt. Ich höre einem Bruder zu. Die Worte folgen einander schleppend. Gäbe es nichts anderes als die Worte, so würde ich nicht alles verstehen. Sein Blick aber verrät einen Kampf, die Weigerung, sich selbst zu dienen und damit andern zu schaden.

8. März

Was vermögen die Christen zur Entwicklung beizutragen? Sie können vor allem den Menschen, zuerst den Christen, die Ungerechtigkeit und Ungleichheit in der Besitzverteilung bewußtmachen. Sie können, eine Generation nach der anderen, gelegen oder ungelegen, das verhärtete Gewissen der Gesellschaft wachrütteln.

Wir wissen, daß unser Handeln symbolisch bleibt. Allein die Staaten verfügen über ausreichende Mittel und Möglichkeiten, die Situation zu ändern. Wenn heute die Staaten darin versagen, dann ist es an uns, wenigstens provisorisch Ersatz zu schaffen.

9. März

Dürre, wenn wir allein, unmittelbar vor Christus stehen. Es scheint, als geschehe nichts. Die Tage vergehen, die Zeit verrinnt. Selbst der Wert des Suchens wird erst später erkennbar. Wenn man treu so fortfährt, dann gewiß nicht, um sich in seiner Haut wohler zu fühlen. Der Einsatz liegt anderswo und ist höher.

Auch das gemeinsame Gebet hat Dürrezeiten zu überstehen. Aber man lebt darin mit vielen anderen zusammen. Wir sehen dabei Gesichter, und es geht über in eine Feier der Freundschaft.

16. März

Sonntagmorgen in Paris, mit meiner Mutter, meinen Schwestern und deren Kindern, die zu uns gekommen sind. Ein Bruder hat die Eucharistie gefeiert. Der Evangeliumstext war die Vermehrung der Brote und Fische. Die Wirklichkeit dieses Textes war mir schon in früher Kindheit aufgegangen. Meine Mutter hatte mir versichert, wir würden immer vollauf genug haben, ja sogar darüber hinaus. Als kleiner Junge sehnte ich mich immer nach der Orgel in unserer Pfarrkirche. Darauf sagte sie mir: „Eines Tages wirst du selbst eine haben."

Nach der Eucharistie zögere ich, noch zu einer Messe zu gehen. Ich würde dort zu vielen Freunden begegnen, mit denen ich zusammensein und sprechen möchte, und ich habe nur wenige Urlaubstage zusammen mit meiner Mutter und meinen Schwestern.

Inzwischen sind meine Schwestern zur Messe

oder zum Gottesdienst gegangen. Alles atmet Frieden. Dieser Frieden ruht in dem Licht, das von Zeit zu Zeit das weiße Blatt überflutet, auf das ich mit einem weichen Bleistift die Schriftzeichen male.

An der Wand meines Zimmers hängt ein katalanischer Christus, rechts von ihm die vier Evangelisten. Seine erhobene Hand segnet uns bei Tag und bei Nacht. Die vorherrschende Farbe ist Grün-Gold. Der Künstler hatte auf seiner Palette scheinbar nur Gold und ein zartes Grün. Alle Türen bleiben offen. In jedem Zimmer schreibt jemand. Meine Mutter wohnt ganz hinten. Mit ihren neunundachtzig Jahren erledigt sie jeden Morgen noch ihre Korrespondenz. Im Zimmer neben ihr wohnt die älteste meiner Nichten. Im Eßzimmer hat sich ein Bruder an den Tisch gesetzt, um ebenfalls zu schreiben. Ich gehe an den Plattenspieler und lege das „Stabat Mater“ von Pergolesi wieder auf.

17. März

Einkäufe im „Super-Mag“ an der Rue de Rennes. Ich bin in die Spielzeugabteilung gegangen, um mich nach preiswertem Kinderspielzeug zu erkundigen. Ein wenig scheu erklärt mir die Verkäuferin: „Pater, letzten Sonntag habe ich Sie bei den Mittagsnachrichten von Lateinamerika sprechen hören. Da habe ich zu meinem Mann gesagt: Ich kenne den Pater. Er kommt öfters in meine

Abteilung." Sie überläßt mir zum Ausverkaufspreis achtzehn Puppen und sucht dann geschäftig in den Lagerbeständen nach weiterem Spielzeug zu vergünstigtem Preis.

Doch dabei läßt sie es nicht bewenden. Sie erkundigt sich bei ihren Kollegen und Kolleginnen, ob sie nicht auch noch preisgünstige Ausverkaufsware dahaben.

Der Spielwarenabteilung gegenüber liegt die Schmuckwarentheke. Die Verkäuferin, ein Mischling, sagt: „Passen Sie bitte einen Augenblick auf meinen Stand auf. Ich gehe schnell zu einer Kollegin, die sicher etwas für Sie hat."

23. März

Als ich nach Taizé zurückkehre, erfahre ich die Nachricht vom Tod eines portugiesischen Gastarbeiters aus Cormatin. Er hinterläßt acht Kinder, von denen mehrere noch sehr klein sind. Am Nachmittag erzählt mir der älteste Sohn in der Wohnung der Familie von den letzten Augenblikken seines Vaters. Als er überraschend eine Blutung hatte, verlangte er nach dem Priester, um zu beichten, die Krankensalbung zu empfangen und zu kommunizieren. Die drei letzten Tage tröstet er seine Angehörigen und versichert allen, die zu ihm kommen, sie würden einander bei Christus wiedersehen. Vor sich hatte er ein Bild der Jungfrau von Fátima und sagte immer wieder: „Die heilige Jungfrau ist da." Sein letztes Wort gilt ihr.

Bisweilen kommen ihm die Tränen, doch niemals in Anwesenheit seiner Frau.

An diesem Nachmittag haben wir uns gegenseitig versichert, daß dieser Tod uns nur näherbringen könne. Bevor wir auseinandergehen, knien wir wieder. Die Mutter läßt zunächst ihre Kinder das Bild der heiligen Jungfrau küssen, dann betet sie auf portugiesisch. Die beiden Kleinen können sich noch nicht richtig bekreuzigen, sie läßt sie noch einmal beginnen und das „Ehre sei dem Vater ..." deutlicher sprechen.

Als ich wieder daheim bin, erzähle ich meinen Brüdern von diesem Besuch und stelle dann die Frage: „Weshalb sollte, ungeachtet alles politischen Mißbrauchs, den man nachträglich damit getrieben haben mag, die Mutter des Herrn nicht tatsächlich drei Kindern aus Fátima erschienen sein, um die Armen eines Volkes zu trösten, das soviel zu leiden hat ... Daß das Bild, wie es die Kinder beschrieben haben, nicht unserm Geschmack entspricht, tut nichts zur Sache. Eine Erscheinung läßt sich nie in Bildern wiedergeben."

2. April

Ein Gespräch mit fünf Seminaristen. Sie legen eine kollektive Angst an den Tag. Ich versuche, ihnen das Wesentliche im Leben der Kirche faßbar zu machen. Sie hören aufmerksamer zu. Sie lechzen geradezu nach etwas, aber wonach eigentlich? Was wird einmal aus ihnen? Werden sie sich an der Erbauung oder an der Zerstörung des Leibes Christi beteiligen?

Nach ihnen kam unter andern Besuchern ein altes Ehepaar. Die Liebe der beiden alten Leute zueinander war so echt. Aus dem Blick der schweigenden Frau läßt sich die Freundschaft Gottes ablesen.

Am gleichen Ort empfing ich vor einiger Zeit den Besuch eines jungen Witwers. Heute erfahre ich, daß er sich selbst das Leben genommen hat. Daß ich damals nicht erkannt habe, daß es soweit kommen würde! Als ich ihn traf, war seine Frau gestorben; er war untröstlich. Ich versuchte, ihm Mut zu geben, aber ich sah nur zwei große Augen voller Tränen. Ich habe ihn mit Nachdruck gebeten, jetzt in dieser Zeit nicht allein zu bleiben. Er hatte Kinder, für sie werde er leben. Ich wollte alles tun, um ihm zu helfen und um sie eine Zeitlang hier aufzunehmen.

8. April

Mit Beginn des Jahres haben wir bei der Komplet am Sonntagabend einen kurzen gregorianischen Hymnus auf lateinisch eingeführt. „Aber wozu denn lateinisch, wo Sie doch nicht daran gehalten sind?" hat man mich heute gefragt. Ich antwortete: „Eben weil wir freie Menschen sind. Wir legen unsern Nonkonformismus an den Tag, indem wir diesen Hymnus singen, der uns aus alter Zeit überkommen ist."

9. April

Die Prüfung ist da, greifbar. Früher hätte sie mich für eine Zeit unter ihr Schwergewicht gebeugt. Heute abend ertappte ich mich dabei, wie ich zu einem Bruder sagte: „Ich bin ein glücklicher Mensch.“ Glücklich wodurch? Durch unsere monastische Berufung, durch die Liebe meiner Brüder.

10. April

In unseren alten Gesellschaften ist die Fähigkeit, sich gegenseitig zu neutralisieren, ungeheuer groß. Die Furcht vor Gefahren beherrscht die Verhaltensweisen. Es ist nur wenig Frühlingssaft in einer Zivilisation zu finden, die in ihr herbstliches Stadium eingetreten ist. Aufschwung hält nicht lange vor. Spontaneität hat wenig Dauer.

11. April

Drei Kühe halten ihren Einzug in unser Haus, nachdem wir zuvor alle, die wir besaßen, der landwirtschaftlichen Genossenschaft abgetreten hatten. Mit ihnen wird wieder ein direkter Bezug zum Wechsel der Jahreszeiten geschaffen; im Spätherbst die Rückkehr der drei Kühe in den Stall; die kurzen abendlichen Besuche im Stall, wo alles Ruhe und einladende Wärme atmet.

13. April

Wieder einmal fragt mich ein junger Mensch, was das Gebet für ihn bedeuten könne. Ich erkläre ihm zunächst: „Suchen Sie keine Antwort, die Ihr

Menschsein überspringt. Ich meinerseits wüßte nicht, wie ich beten sollte ohne Einbeziehung des Leibes. Ich bin kein Engel und beklage mich darüber auch nicht. Es gibt Perioden, in denen ich den Eindruck habe, als betete ich mehr mit dem Leib als mit dem Geist. Ein Gebet auf dem bloßen Boden: niederknien, sich niederwerfen, den Ort betrachten, wo die Eucharistie gefeiert wird, die beruhigende Stille ausnutzen und selbst die Geräusche, die aus dem Dorf heraufdringen. Der Leib ist da, ganz gegenwärtig, um zu lauschen, zu begreifen, zu lieben. Wie lächerlich, nicht mit ihm rechnen zu wollen!"

20. April

Der Frühling läßt auf sich warten. Die Kälte hält an, aber der Garten gewinnt dabei an Pracht: das Gold der Osterblumen, das Rot der Tulpen glänzen seit drei Wochen. Die Frische der Luft hält sie in Atem.

Um diese Zeit des Jahres bin ich immer in meinem innersten Wesen entzückt und hingerissen. Ich möchte mir nichts entgehen lassen von den Blumen und Bäumen, in denen sich das Leben neu zu regen begonnen hat. Ich schiebe meinen Tisch nah an das hohe Fenster, durch das vom Norden her das Licht ins Zimmer flutet. Bald darauf trage ich mein Arbeitsmaterial auf die andere Seite zu einem Pult nah am offenen Südfenster. Ein Schauer kündigt sich an: Schon das erste Knarren der Fensterläden läßt das Herannahen eines Schauers ahnen. Einen Augenblick später ist er da, und dicke Tropfen prasseln gegen die südlichen Fensterscheiben. Ich gehe wieder an das Nordfenster. Dort ist alles ruhig und heiter. Ein Dunstschleier, der in einer Reihe aufeinanderfolgender Wellen gejagte Regen, steigt vom Süden her auf.

Die wenigen Male, die ich diese Jahreszeit in der Stadt erlebt habe, ließen mir den Frühling weniger prangend erscheinen, aber die Hochstimmung war dieselbe. Selbst in der Stadt habe ich nach Zeichen gesucht: Knospen, die im Schutz einer hohen Mauer früher aufbrechen; das Morgenlicht; die hell angeleuchteten Wolken, die hoch über den Dächern dahinjagen.

21. April

Progressismus und Konservativismus können nur allzu leicht aus ein und derselben Quelle kommen und als Motiv eine Rückschrittstendenz haben. Für den Progressisten bedeutet sie: zurück zur Jugend, jenem Lebensalter der jähen Brüche, in dem jede Kontinuität als Zwang empfunden wird. Für den Konservativen: zurück zu einer ferneren Vergangenheit, die vor seiner eigenen Geburt liegt; denn nur was dieser Zeit angehört, besitzt Gültigkeit.

22. April

Als Mensch vom Lande brauche ich die Stadt zum

Leben. Hier treffen wir an jeder Straßenbiegung auf die Schöpfung des Menschen. Die Vorstellungskraft ist wach, um zu erfassen, wie die Beziehungen in einer menschlichen Masse harmonisch gestaltet werden. Als Mensch vom Lande und im Bewußtsein der Grenzen, die eine bis zur Maßlosigkeit reichende Liebe zur Schöpfung mit sich bringt, muß ich, um die Menschen zu verstehen, diejenigen anhören, die ganz anders geartet sind. Jeder Mensch, ob er es weiß oder nicht, ist durchdrungen von den Wellen der Gedanken unserer Zeit. Ich will lieber die Dinge verstehen, als mir ihrer nicht bewußt zu bleiben, und auf unserem Hügel kann ich Wissenschaftlern der verschiedensten Richtungen zuhören: der Theologie, der Informatik, der Psychoanalyse, des Marxismus ...

Mann vom Lande und Freund der großen Städte – in mir wächst mühevoll eine Art Einmütigkeit, wenn wir Brüder mit so vielen anderen in unserer Kirche versammelt sind.

23. April

In den Sprachen des Südens bedeutet das Wort Kirche soviel wie Vereinigung oder noch besser, Versammlung: „ecclesia", „église", „iglesia", „chiesa". In den Sprachen des Nordens bezeichnet man die Kirche mit dem Namen des Herrn (Kyrios): „church", „Kirche", „kyrka", „kerk". Süden und Norden ergänzen sich auch hier.

7. Mai
Der Leib bewegt sich nur von der Stelle, wenn er den Füßen gehorcht, und die Füße kommen nur voran, wenn sie einen Schritt nach dem anderen machen. Überlastung, Briefe, die beantwortet werden müssen, brauchen nicht zu beunruhigen. Eins nach dem anderen, ein Schritt nach dem anderen.

8. Mai
Daß so viele Menschen aufgeben und die Kirche fliehen, belastet mich bis zur völligen Niedergeschlagenheit. Welcher Abgrund – die Treulosigkeit! Mein Leben wird von diesem Schmerz aufgewühlt und zerrissen sein. In solchen Zeiten wartet er auf uns: Christus, der für jeden einzelnen Menschen im Todeskampf liegt.

9. Mai
Wenn die Phantasie Zukunftspläne für die Menschen macht, die zu einem gehören, kann sie verhindern, daß man im rechten Augenblick den Plan Gottes erfaßt.

Zur gleichen Zeit wirft dieselbe Phantasie, die eine schöpferische Kraft ist, den Menschen über sich selbst hinaus und ermutigt ihn, Umwandlung und Veränderung für den andern zu suchen.

10. Mai
Es ist gut, jeden Tag etwas zu schreiben und mich notfalls sogar dazu zu zwingen. Das ist mein

Handwerk wie für einen anderen das Teigkneten und Einschieben der Brote in den Ofen. Das bringt einen zu notwendiger Eigenständigkeit.

12. Mai

Die Hitze liegt über dem Hügel. Schon in der Frühe habe ich durch das schmale Fenster des Waschraums in den nebelverhangenen Garten hinausgeschaut. Dann habe ich mich wieder schlafen gelegt. Und nun beim Erwachen – der Sommer in all seiner Pracht.

Diesen 12. Mai habe ich als Kind immer besonders besungen. Durch das ganze Haus hindurch ließ ich laut meine Stimme ertönen: „Heute ist mein Festtag, der schönste Tag des ganzen Jahres!“ Dann ging ich in den Garten, um zu sehen, ob die Pfingstrosen in der Nacht aufgegangen waren. Ich hatte ein wenig nachgeholfen, indem ich die schützenden Blätter zur Seite gebogen hatte, damit sie die Blütenkrone freigaben.

Heute morgen bin ich wie früher hinausgegangen, um nach den Pfingstrosen zu sehen. Sie waren geschlossen geblieben.

Als wir vom gemeinsamen Morgengebet zurückkamen, stand die Eiche, an der Biegung des Weges von der Kirche zum Haus, wie in strahlendem Licht gebadet. Wir nennen sie „Eiche Mamre“. Die Brüder umdrängten mich und lachten wegen meiner Freude über diesen Tag, meinen 54. Geburtstag.

Ein Gedanke ging mir durch den Kopf: Dies würde ein Tag ohne Dornen werden. Die Post brachte nichts Unangenehmes. Unter den Glückwünschen war ein Brief, den ich seit langem zuversichtlich erwartete. Ein Telefonanruf, ein Ferngespräch. Es zieht sich in die Länge. Will es denn gar nicht aufhören! An diesem Tage empfinde ich es wie einen Schock. Ich hätte gern den Tag in Ruhe verbracht.

Am Abend ein ganz anderer Anruf – aus Chikago: Ich höre die warmen, frohen Stimmen meiner Brüder...

20. Mai

Die Verweigerung der Leistung wird ein wirksames Zeichen, das den Bedürfnissen der Menschheit sehr weit entgegenkommt.

24. Mai

In den letzten Tagen bin ich öfters vor dem Allerheiligsten in der kleinen romanischen Kirche. Das ist kein leerer, sondern ein bewohnter Ort. Der Glaube der katholischen Kirche bezeugt es seit den ersten Jahrhunderten.

Wie kommt es, daß ich nicht zu dem kleinen Altar gehe, auf dem wir den Brotvorrat nach unserer Eucharistiefeier aufbewahren? Etwa weil der Glaube unserer Ursprungskirchen sich darin durch die Jahrhunderte nicht bestätigt findet?

30. Mai

In jedem Menschen prägen sich die frühen Begegnungen ganz besonders nachhaltig für das ganze Leben ein. Als ich fünf Jahre alt war, verbrachte ich zusammen mit meinen Schwestern einen Sonntag draußen auf dem Land in der Gegend von Estavayer. Am Spätnachmittag, als wir zu dem Anlegeplatz zurückkehrten, von dem aus wir über den See zurückfahren wollten, betraten wir unterwegs eine katholische Kirche. Darin war es schon ganz dämmerig. Das Licht vor dem Tabernakel, das zugleich das Bild der Gottesmutter beleuchtete, ist mir als unverrückbares Bild im Gedächtnis geblieben.

Ein paar Jahre später fuhr ich zusammen mit meinen Eltern zu einem Onkel nach Besançon. Seinem Haus gegenüber stand eine Kirche. Niemals werde ich mir darüber klarwerden, weshalb ich eines Morgens, noch bevor jemand im Hause wach war, aufgestanden bin und in die Kirche hinüberging. Dort wurde gerade die Messe gefeiert. Als ich zurückkam, saß die Familie beim Frühstück. Alle waren erstaunt, daß ich so früh ausgegangen war. Ich scheute mich, zu sagen, woher ich kam, wegen meines Onkels, als hätte ich ihn dadurch irgendwie kompromittiert.

6. Juni

Wenn wir die eigene Person in den Vordergrund stellen, führt das unabänderlich in die Verzweiflung.

Mein Leben ist von Christen gezeichnet, die unsere Berufung in Taizé nicht verstanden haben, und es braucht meine ganze Wachsamkeit, um nicht nach Kompensationen zu suchen. Wie Vorwürfe vergiftend wirken, so auch Anerkennung. Wenn jemand in seinen Bemühungen gedemütigt worden ist, gibt ihm die Anerkennung für kurze Zeit neuen Auftrieb. Kaum aber hat sie seine Wunde gelindert, sucht er nach neuer Anerkennung. Wie es nichts ändert, wenn man sich in der Kritik gefällt, so heilen harte Urteile nicht das Bedürfnis, bestätigt zu werden. Vorwürfe hinterlassen im Menschen Zweifel und Verwirrung.

9. Juni
Vor ein paar Wochen bat mich ein deutscher Fernsehjournalist, mich auf meinem Zimmer interviewen zu dürfen. Die erste Frage begann mit den Worten: „Sie als Protestant ...“

Ganz spontan kam mir eine völlig unvermutete Antwort: „Protestant sein bedeutet seit mehr als vier Jahrhunderten, gegen die katholische Kirche protestieren. Aber ich protestiere nicht gegen sie. Wenn ich etwas ablehnen muß, kann es sich gegen etwas in der katholischen wie in den protestantischen Kirchen richten.“

Einen Standpunkt des Protestes beziehen – was für ein Programm!

11. Juni
Kurz vor dem Erwachen kommt mir ein Traum. Irgend jemand, den ich nicht sehe, legt mir eine Christusfigur in die Hand. Ich gebe meiner Freude Ausdruck. Aber mit welchem Wort? Ich habe es vergessen ... Christus ganz nah bei mir: das ist alles, mehr will ich gar nicht darüber wissen.

12. Juni
Heute morgen stellt mir ein Jesuit die Frage: „Sie wünschen, daß die ökumenische Berufung mehr gelebt als diskutiert wird. Sind Sie also gegen theologische Forschung?" Ich antworte: „Wenn wir täglich mehrmals die Liturgie beten – das Gebet der Kirche aller Zeiten –, nehmen wir die großen Themen des Glaubens in uns auf und werden von der Theologie durchdrungen. Ohne dieses Gebet wären wir niemals so sehr in die Bedeutung der Auferstehung eingedrungen und hätten nie so stark von ihr gelebt. Die Feier und Verherrlichung Christi kommt zuerst. Doch die Notwendigkeit einer theologischen Verdeutlichung folgt ganz von selbst wie eine logische Folgeerscheinung."

Hat nicht auch die Theologie ihren Platz im Gebet des Menschen zu Gott? Ist sie Erkenntnis ohne Kontemplation, verliert sie ihre schöpferische Kraft? Nichts ist härter als ein Mensch, dessen theologisches Wissen nicht von der Unmittelbarkeit und Frische der Gemeinschaft mit diesem Anderen überflutet wird.

13. Juni
Seit Monaten beschäftigt mich ständig eine Frage: Was können wir angesichts der gegenwärtigen Verwirrung in der Kirche tun, um die Erschütterten zu beruhigen und die Engagierten zu stärken?

Ich ahne, daß ein intensiver Austausch nötig wäre, der sich über die kommenden Jahre ständig erneuert. Man müßte über eine gewisse Zeitspanne Gemeinsames suchen und erarbeiten. So drängt sich immer wieder derselbe Gedanke auf: Diese Begegnung, die ihre Ansprüche an uns stellt, wird ein Konzil der Jugend sein. Aber wer wird es verwirklichen? Für uns steht ein solches Unternehmen in keinem Verhältnis zu unseren Möglichkeiten.

Welchen schwierigen Situationen würden wir uns aussetzen! Von verschiedenen Seiten würde sich Widerstand ergeben, wo doch Friede und Freundschaft unschätzbare Werte sind. Woher sollten wir immer neuen Mut schöpfen?

24. Juni
Mit vier Brüdern zusammen bin ich zwei Tage lang Gast des Bischofs von Crema in Norditalien. Ich habe mein Zimmer ganz oben im Haus des Bischofs. Heute morgen in meinem Bett konnte ich mich nicht vom Anblick des lombardischen Frieses der Kathedrale losreißen. An diesem Ort weilen, an dem ein derart authentischer Zeuge lebt!

Von meinem Fenster aus konnte ich, während ich auf den Beginn der Messe wartete, in dem unteren Stockwerk die beiden Ordensschwestern mit lautlosem Schritt kommen und gehen sehen, wie sie die Fensterläden öffneten, die Blumen auf der Terrasse begossen, einen Geranientopf an die Stelle einer verwelkten Pflanze schoben. Ich wartete darauf, daß der Bischof, der immer früh auf den Beinen ist, aufstehen würde. Unsertwegen war er gestern abend zu lange aufgeblieben. Schließlich öffneten sich die Fensterläden ein wenig.

Während ich auf ihn wartete, ging ich zu einer Hintertür, die auf die Terrasse hinausführte. Hinter der Tür, in die Gesamtstärke der Mauer der Kathedrale eingelassen, entdeckte ich eine winzige Loggia, von der aus man auf die Kirche blickt. Der Chorraum war wie mit einem hellen Gold übergossen. Vor einer morgendlichen Gemeinde zelebrierten die Priester die Messe nach den neuen Texten. Ihre Gesten, ihre Bewegungen, wenn sie sich zum Lesepult und dann vom Lesepult zum Altar begaben, weckten in mir den Eindruck, als wohne ich einem unerwarteten Tanz bei, Ausdruck der Freude, die David im Angesicht der Bundeslade ergriffen hatte.

25. Juni

Wir haben die Gespräche von gestern mit dem Bischof wiederaufgenommen. Mir kam es darauf an, daß er sich ganz klar darüber war: Was ich ihm anvertrauen wollte, um seine Meinung dazu zu hören, könnte mich zusammen mit meinen Brüdern leicht in neue Engagements hineinführen. Nach so vielen Jahren der Kämpfe wußte ich die Ungestörtheit und Ruhe der letzten Monate zu schätzen. Würde ich den Mut aufbringen, das Abenteuer einer neuen Unternehmung für Christus und seine Kirche zu wagen? Heute morgen beim Erwachen wurde ich mir bewußt, daß ich Angst hatte. Wo sollte ich Mut schöpfen?

Zwei Stunden nach dieser letzten Unterredung war ich zusammen mit den vier Brüdern in Sotto il Monte, dem Dorf Johannes' XXIII. Am Hause der Familie Roncalli angelangt, erkannten wir vor dem Hofgitter den alten Bauern Saverio Roncalli. Er gleicht seinem Bruder, Papst Johannes, in erstaunlichem Maße. Ich hatte ihn früher schon einmal gesehen, aber es sah nicht so aus, als erinnere er sich daran. Im Gespräch mit uns gebraucht er das Wort „Coraggio (Mut)" und fügt dann in seiner harten Sprache hinzu: „Sempre avanti (immer voran)".

Wir gehen dann in die Pfarrkirche, in der sein Bruder getauft worden war. Dort singen wir gemeinsam Psalmen, ein Alleluja und verweilen dann schweigend an dieser Stätte einer Kindheit. Als wir wieder aufbrechen wollen, haben wir alle einstimmig den Wunsch, noch einmal das Haus von Saverio Roncalli zu sehen. Er ist immer noch da. Ich erinnere ihn an seine beiden Worte. Er erkundigt sich, welcher von den Brüdern den Wagen fährt: „Er fährt, und Sie geben den Segen." Dann fügt er mit erhobenem Finger hinzu: „Sempre Spirito (immer der Geist)" und als letztes Wort: „Mai paura (niemals Angst)!"

Wir hatten bei ihm nichts besonderes gesucht. Der zu uns gesprochen hat, war ein armer, sehr alter Mann. Er ist sich nicht bewußt, was er durch ein paar Worte gibt. Aber vielleicht sollen wir wirklich nicht wissen, was wir vom Besten für die andern leben.

Gebet und politisches Engagement

Was bedeutet für Sie selbst das Gebet, Bruder Roger?

Das ist die Frage, die mir am häufigsten gestellt wird. Tatsächlich ist das Beten das innerste Herzstück unseres Lebens.

Gebet ist zunächst Warten, Erwarten. Es bedeutet, Tag für Tag in sich das „Komm Herr" der Apokalypse aufsteigen lassen. Komm für die Menschen! Komm für uns alle! Komm für mich selbst!

Es ist kein Privileg für einige wenige. Es ist ein Weg, der gangbar ist für die Jüngsten wie für die Ältesten. Es prägt sich aus in einer großen Vielfalt.

Im Verlauf unserer Tage und unserer Nächte gibt es Gesten, die wir um Christi willen ausführen. Und diese Gesten werden Gebet: Vergebung, Versöhnung, Kampf ums Festhalten an der ehelichen Treue oder am Zölibat um Gottes willen. Diese Zeichen und viele andere sind eine Sprache, die sich an Christus richtet. Für ihn und um seinetwillen gesetzt, sollen sie ihm unsere Liebe ausdrücken.

In dem Maße, in dem das Gebet Erwartung dessen bleibt, der nicht ich selbst ist, wird es weder zu einer Flucht noch zu einer Selbstprojektion. Es kommt der Augenblick, in dem ich ihm nur noch die Worte sagen kann: Du bist der Andere, du bist der, der in sich selbst ist.

Im Angesicht dieses Anderen werden unsere Absichten eindeutiger, und unser Herz gewinnt Klarheit und Durchsichtigkeit. Christus, der in sich selbst ist, ist gegenwärtig – wer könnte sich seinem Anruf entziehen?

Wie lassen sich Kontemplation und politisches Engagement miteinander verbinden?

Kontemplation gibt einem die Fähigkeit, Tag für Tag Abstand zu nehmen. Im Bereich des politischen Engagements macht sie den Menschen frei von eigennützigen Plänen. Damit wird sie wesentlich für denjenigen, der ein kühnes politisches Engagement auf sich nehmen will. Sie macht ihn fähig, daß er nicht darauf aus ist, seine eigenen Anschauungen durchzusetzen, daß er nicht unbewußt seinen eigenen Erfolg wünscht, sondern nur und einzig einen Dienst.

Im politischen Raum gibt es Leute, die in der Versuchung stehen, Christus für persönliche Ziele zu gebrauchen. Sie müssen sich darüber klarwerden und sich von dieser Versuchung frei machen. Die Kontemplation ermöglicht es uns, all unserer

Gedanken bewußt zu werden, sich ihrer nicht zu schämen, sie von Christus her zu ordnen und sich auch darüber Rechenschaft zu geben, ob Christus im politischen Engagement einen Platz hat oder nicht.

Wenn politisches Engagement bedeutet: Engagement des ganzen Lebens für die Menschen und Beteiligung am Bau der Gesellschaft, so ist genau das unsere Absicht seit dem ersten Tage unserer Gemeinschaft.

Zu Beginn, 1940, nahm ich politische Flüchtlinge auf. Und das bedeutete zur damaligen Zeit den stärksten Druck, dem ich jemals ausgesetzt war, denn damals war ich noch allein in Taizé.

Später dann, 1952, als wir eben zwölf Brüder waren, sind einige von uns von Taizé fortgezogen, um im Arbeitermilieu zu leben, im Zentrum des Kampfes um Gerechtigkeit. Und ich kann – heute wie gestern –, wenn ich die Briefe lese, die ich von den verschiedenen Fraternitäten erhalte, sehr wohl ermessen, wie sehr mehrere meiner Brüder ihr Leben aufs Spiel setzen.

In Taizé selbst bedeutet für einen von uns seit langem das politische Engagement Mitarbeit bei landwirtschaftlichen Genossenschaften und Gewerkschaften.

Aber ich habe immer geglaubt, ich müsse klar unterscheiden zwischen Zugehörigkeit zu einer politischen Partei und dem Einsatz für Gerechtigkeit. Unsere Gemeinschaft mit ihrem Anspruch,

Gleichnis der Einheit zu sein, gestattet uns nicht, andern menschlichen Gemeinschaften anzugehören, wie beispielsweise einer politischen Partei. Ich möchte dagegen, daß in uns immer der Wille vorherrscht, unser Leben für die Menschen zu geben.

Wie läßt sich die Gewaltanwendung gegen Menschen, die in jeder Revolution unumgänglich ist, mit der Forderung nach Liebe zu allen in Einklang bringen?

Zunächst ist dem Menschen die Fähigkeit gegeben, andere zu überzeugen. Er kann sich bemühen, die Unterdrücker umzustimmen, mit allen Mitteln, mit dem Wort, wenn es möglich ist, durch passiven Widerstand ...

Wenn aber alle Mittel der Überzeugung erschöpft sind und ein Fall von „offenkundiger, lange Zeit anhaltender tyrannischer Unterdrükkung" vorliegt, „dic den Grundrechten der menschlichen Persönlichkeit schwere Beeinträchtigungen zufügt und das Gemeinwohl in gefährlicher Weise schädigt" (Paul VI., Populorum progressio) – wird dann nicht die Gewaltanwendung für die Befreiung des Menschen zur Notwendigkeit? Zu diesen äußersten Mitteln zu greifen, ist jedoch nur möglich in einem Geist, der frei ist von jedem Gedanken an sich selbst. Und – darüber muß man sich klar sein: „Wer zum Schwert greift, wird durch das Schwert umkommen."

Wie könnte ich für Gewaltanwendung sein? Nein, das Evangelium steht in mir im Widerstreit dazu. Es lehrt mich, daß in jedem Menschen Gott gegenwärtig ist, daher die Achtung vor jedem Menschenleben. Und doch geschieht es mir, daß mir ganz plötzlich bewußt wird: Du stehst in Gemeinschaft mit jungen Menschen, die sich als Christen für revolutionäre Gewaltanwendung entschieden haben. Wenn die gewaltsame Unterdrückung einer Gesellschaft so weit geht, daß sie ihre Opfer fordert – muß man dann nicht versuchen, diese Gewaltanwendung durch eine andere Gewaltanwendung zu unterbinden? Auf diese Frage kann ich nicht für die anderen antworten, aber ich kann die Gemeinschaft mit denen wahren, die sich zu einer so extremen Stellungnahme gezwungen sehen.

Wird sich angesichts der Politisierung so vieler junger Christen das Konzil der Jugend auch auf diesen Weg begeben?

Von Anfang an war bereits eine politische Stellungnahme für den Menschen zum Ausdruck gebracht: „Sein Leben hingeben, damit der Mensch nicht mehr Opfer des Menschen ist.“ Daher erscheint es undenkbar, daß das Konzil der Jugend keine politische Stellung beziehen sollte. Würde es das jedoch von sich aus nicht tun, so würden wir es hier in Taizé natürlich nicht dazu nötigen.

Doch müßten wir es fragen: Weshalb diese Weigerung? Ohne Engagement für die Gerechtigkeit würde es seine Sendung verfehlen.

Ich entsinne mich, daß ein Mann von hoher geistlicher Autorität eine große Zahl von Christen auf den Weg eines unwiderruflichen politischen Engagements für die Gerechtigkeit gebracht hat. Die Folgen davon sind nicht abzusehen. Johannes XXIII. hat 1962 in einer Enzyklika die Christen unter der Landbevölkerung aufgefordert, in einen Prozeß der „Sozialisierung" einzutreten. Das war etwas vollkommen Neues. Später, in einer andern Enzyklika, forderte er eine „Weltregierung". Diese zweite Intuition ist wie ein Samenkorn, das in die Erde gesenkt wurde, eine Erde, die heute von den neuen Generationen derart stark umgepflügt wird.

Tagebuch

Juli – Dezember 1969

2. Juli 1969
Die drückende Hitze ist in der Nacht durch einen heftigen Wind vertrieben worden. Fenster und Fensterläden beginnen zu klappern – es ist ein Uhr früh.

Ein frischer Hauch ergießt sich über das Haus und seine Umgebung. Mein Zimmer, das bisher glühend heiß war, wird durchzogen von einer duftenden Woge von Frische; sie wirkt beruhigend. Diese jähe Wetteränderung kam völlig unerwartet. Als am Abend die Sonne unterging, hingen gewaltige weiße Wolkenberge am Himmel, die sich mit einer goldenen Borte umgaben. Sie waren sehr hoch.

Die Sonnenuntergänge jeder Jahreszeit beeindrucken mich tief. Ergriffen könnte ich endlos ohne jede Bewegung dasitzen und ihnen zuschauen. Ich träume davon, einmal ein Fenster zu haben, das mir einen freien Blick auf den westlichen Horizont gewährt. Angefüllt mit allem, was der Tag mir gebracht hat, könnte ich allein bleiben vor diesem Zeichen des Unendlichen, ohne mein Alleinsein überhaupt zu bemerken.

In diesem Jahr erlebe ich es gelegentlich, daß ich noch spät am Abend nach dem schwachen Schein Ausschau halte, der sich in den dunklen Fernen noch lange hält. Und wenn ich beim Morgengrauen wach werde, so laufe ich in den Garten hinaus, um die Kürze der Nacht besser erfassen zu können.

Den Tag erwarten. In der verwirrten Lage der Gesellschaft gibt es Menschen, die den aufbrechenden Tag, der kommen wird, vorausahnen. Nur was glühend erwartet wurde, gewinnt eine starke Freude.

3. Juli

Den ganzen Morgen bin ich auf der Suche nach jemandem, der einen Text über Taizé schreibt. Die Frist dafür läuft ab. Wenn wir von uns aus niemanden benennen, wird der Verlag sich an einen Schriftsteller wenden, der möglicherweise nicht alles versteht.

Da kommt mir ein Name: Jean Vivien. Aber wie soll ich ihn so schnell erreichen! Überdies hat er soeben einen Herzinfarkt hinter sich, der ihn bis an die Tore des Todes gebracht hatte.

Und jetzt am Nachmittag erfahre ich: Jean Vivien ist gerade auf der Durchreise in Taizé. Ich kann es kaum glauben. Ich lege ihm meine Sorge dar. Er wird uns aus der Klemme helfen. Ohne sich nötigen zu lassen, übernimmt er den Beitrag. Wir verstehen uns wie am ersten Tag.

5. Juli
Ich habe O. im Krankenhaus besucht. Warum treffen ihn alle die Prüfungen – eine nach der andern. Die Verbrennungen im Gesicht verschleiern die Klarheit eines Blickes, der für mich stets eine Aufforderung zur Transparenz bedeutete, und das seit den siebzehn Jahren, in denen er Bruder ist.

6. Juli
Gestern war ich in Mâcon und habe Thermometer gekauft, in einem Geschäft, in dem ich noch nie zuvor gewesen war. Der Verkäufer fragt mich, ob sie für Taizé sind. Woher kann er nur wissen, daß ich von dort komme? Nachher im Wagen spreche ich mit P. darüber. Er bestätigt mir, daß er dies häufig in den verschiedensten Geschäften von Mâcon erlebt hat. Es muß sich bei uns nach und nach eine gewisse Familienart gebildet haben. Das ist bei allen der Fall, die gemeinsam einen Kampf führen und dabei aufeinander achten.

7. Juli
Heute morgen erhielt ich die Mitteilung vom Tode von Marie Braillard, im Alter von vierundachtzig Jahren. Ich hatte sie in meiner Jugend gekannt. Und als wir kürzlich mit einigen Brüdern durch die Schweiz kamen, beschlossen wir unterwegs, einen Umweg über Chapelle-sur-Oron zu machen. Ich trete in den Bauernhof der Familie Braillard ein. Seit mindestens fünfzehn Jahren bin

ich nicht mehr dort gewesen. Ich treffe Marie Braillard in der Küche sitzend an, bei einem Gespräch. Sie erkennt mich augenblicklich wieder. Sie streckt mir beide Hände entgegen und sagt: „Roger, Sie sind nun da, und ich hatte so gewünscht, Sie vor meinem Tod noch einmal zu sehen. Noch vor ein paar Tagen hörte ich im Rundfunk, daß Sie zum Besuch unseres Papstes in Genf waren, und ich war glücklich darüber. Meine Nichte hat nie gewagt, Ihnen zu schreiben, dabei sprechen wir so häufig von Ihnen." Fünf Tage später starb diese Frau.

14. Juli

Das gute Wetter hat sich wieder bei uns niedergelassen. Die Vögel schweigen, erdrückt von der Hitze. Nur zwei Lerchen schmettern hoch am Himmel ihr wohlklingendes Lied.

16. Juli

Wieder einmal fordert mich ein Katholik auf, Taizé von jedem Bezug zur Amtskirche zu lösen. Nach seiner Meinung ist diese dem Tod geweiht. Sie hat keine Bedeutung mehr für die Menschen. Wenn wir die Gemeinschaft mit ihr aufrechterhalten, würden wir uns festfahren.

Mir fehlt die Antwort. Auch ich frage mich natürlich, in welcher Weise in Zukunft die Autorität in der Kirche ausgeübt werden soll. Wie wird es ihr, nachdem sie sich in allen Kirchen mit einer juridisch bestimmten und weltlichen Machtausübung identifiziert, nachdem sie sich so oft und so stark auf die politische Macht gestützt hat – wie wird es ihr da gelingen, eine so entschiedene Wendung einzuschlagen, daß sie sichtbar macht, woher ihr eigentlicher Lebensimpuls kommt? Im Laufe der Zeit haben sich auch die meisten Reformationskirchen, eigentlich so gut wie alle, diesem Übel nicht entziehen können. Andererseits weiß ich sehr wohl, daß die Hierarchie gegenwärtig sich zu erneuern sucht. Sie könnte tatsächlich nie verschwinden, ohne daß damit der ganze Organismus auseinanderfiele. Dessen bin ich mir sicher.

20. Juli

Es ist fünfundzwanzig Jahre her: das mißglückte Attentat auf Hitler. In diesem Fall hätte die zerstörende Gewalt, die Ermordung eines Menschen, Millionen Menschen befreit. Uns wären jene letzten zehn Monate des Krieges erspart geblieben, in denen sich die Greuel in den Konzentrationslagern und den besetzten Ländern vervielfachten. Auch die Opfer der Familien des deutschen Widerstandes wären vermieden worden.

Heute werden zwei Menschen auf dem Mond landen. Die ersten Ergebnisse einer wissenschaftlichen Forschung haben dazu herhalten müssen, Städte zu zerstören. Seitdem arbeiten dieselben Wissenschaftler an der Vorbereitung eines verheißungsvolleren Morgens.

30. Juli

Ich habe die Sanftheit der Spätnachmittage wiederentdeckt, die den Herbst ankündigen. Eine Fülle. Nichts Wünschenswerteres als die Steinbank in der Westecke des Gartens bei meiner Schwester Geneviève. Die Zeit bleibt stehen.

Ich habe jungen Mönchen von St.-Benoît-sur-Loire die Frage gestellt: „Betreiben wir nicht auf dem Höhepunkt der Entsakralisierung eine Resakralisierung, ohne es zu wissen? Eine Sakralisierung des Augenblicklichen, des Provisorischen.“ Man sagt mir, ich habe am Zustandekommen dieser Bewegung unter anderem durch mein Buch „Dynamik des Vorläufigen“ beigetragen, und ich glaube es. Aber ich bereue es nicht. Ich habe tatsächlich in diesem Buch das heutige Streben nach Spontaneität, das man damals vorausahnte, ansprechen wollen. Daneben aber steht die enge Ergänzung zu den Kontinuitäten eines ganzen Lebens.

Während ich diese Zeilen schreibe, höre ich eine Amsel singen. Ihre Schöpfung versetzt uns beide in Entzücken – sie und mich.

31. Juli

Müde seit dem Aufstehen. Habe ich die Quellen der echten Erfrischung verloren? Seine Sorgen, seine Gegenspieler Gott anzuvertrauen, befreit die Kräfte, um über die Unmittelbarkeit der Situationen und der Menschen hinaussehen zu können.

Vielleicht erreichen wir auf diese Weise schon ein Stückchen Ewigkeit?

1. August
Bei Tisch meinte heute ein junger Venezolaner, in den ersten Jahrhunderten der Kirche sei in den Augen der Christen Häresie vor allem das Fehlen brüderlicher Liebe gewesen, nicht aber ein Weg außerhalb der Rechtgläubigkeit.

5. August
Nacht der Verklärung Christi. Fest der heutigen Zeit. Dieses Jahrhundert hat im Menschen Tiefen entdeckt, die so weit reichen, daß er in sich die Erfahrungsbreiten der ganzen Menschheit von ihrem Entstehen bis auf unsere Tage wiederfindet. Doch den Unermeßlichkeiten, die dem Menschen zugrunde liegen, bietet sich eine Umgestaltung, eine Verklärung, an.

9. August
Ein Brief von der alten Tante eines Bruders. Sie hat eine Rundfunksendung gehört, die in Taizé aufgenommen wurde. Von ihrem Hof im Jura, wo sie allein lebt, schreibt sie mir: „In dieser unruhigen Welt gibt es eine verborgene Bewegung, die hier und dort vernehmbar wird. Gehen wir voran."

10. August
Unter Tausenden von jungen Menschen, die dieses

Jahr in Taizé gewesen sind, bahnt sich eine neue Einstellung an. Noch vor wenigen Jahren wäre es normal gewesen, sich jedem Menschen zu widersetzen, der in ihren Augen eine Autorität repräsentierte. Man wünschte den Tod der kirchlichen Institutionen. In diesem Jahr ist das Suchen nach Christus das Beherrschende.

Nun bekomme ich heute mehrfach Angriffe zu spüren. Sie kommen nicht mehr von jungen Laien, sie werden vielmehr von Ordensleuten und Priestern geführt. Der Spalter hat sich ein Sondergebiet gesichert. Er wütet im Herzen der Kirche, bei denen, die auf Lebenszeit ein Amt in der Kirche übernommen haben. Anfangs hatten viele den Willen zur Läuterung der Kirche. Dieser Wille hat sich in Feindseligkeit, ja bisweilen geradezu in Haß verwandelt.

Ich kann ihnen nur immer wieder sagen: Wenn ihr die Kirche mißachtet, dann zerstört ihr euch selbst als Glieder des Leibes Christi. Aber es sieht ganz danach aus, als sei bei ihnen die Entscheidung gefallen.

11. August

Heute ist die Nacht, in der man die meisten Sternschnuppen sehen müßte. Aber der Himmel ist bedeckt. Das ist für uns ganz ungewohnt, nachdem wir vier Wochen lang so warmes, schönes Wetter hatten, daß unser Hügel wie mit einem weiten glänzenden Perlenmantel von Sternen umgeben wirkte.

13. August
Sucht nicht die katholische Kirche, die catholica, ihre ganze Geschichte hindurch, nachdem die Zeit der Abgrenzung ohne Erfolg war, Ort der Gemeinschaft für alle zu sein? Wenn sie durch die gegenwärtigen Schwierigkeiten empfindlicher geworden ist, so wird sie damit auch verständlicher und aufgeschlossener. Ich habe Vertrauen zu ihr, weil sie, ungeachtet all ihrer Verkalkungserscheinungen, Leben möglich gemacht hat, Leben aus den beiden Worten Jesu: „Das ist mein Leib" und „Was ihr auf Erden lösen werdet, wird auch im Himmel gelöst sein."

14. August
Auf meinem Arbeitstisch steht ein Strauß purpurner und orangefarbener Blumen und darüber, den ganzen Strauß beherrschend, drei Sonnenblumen. Eine Umrahmung mit Efeublättern vervollständigt die Harmonie in der Vielfalt. Meine Augen bleiben nicht auf dem weißen Blatt Papier, das vor mir liegt: Unwillkürlich, aber unwiderstehlich heben sie sich, und das Herz ist übervoll.

Bei der Post heute morgen war ein Brief von O. Seine Lektüre berührte mich derart in meinem tiefsten Empfinden, daß ich kaum glauben kann, daß er an mich gerichtet ist: „Ich habe sehr an Dich gedacht und an unser Gespräch vor meiner Abreise. Du bist immer der Bruder, den ich mir wünsche ... Alles, was uns seit Jahren verbindet, erfüllt mein ganzes Herz und hilft mir, Gottes Willen zu erkennen trotz aller Widersprüche im Leben. Mit Dir gehe ich aus meiner Nacht ins Licht Christi."

15. August
Das Gebet der letzten Nacht, um drei Uhr, war von großer Schlichtheit. Beim Mittagessen habe ich meine Brüder gefragt, was sie von einem regelmäßigen Gebet, jede Nacht, halten würden, zu dem sich immer einige zusammenfänden. Für jeden, der nachts aufwacht, wird es eine Freude sein, mit den Brüdern in der Kirche zusammenkommen zu können.

Es ist fast 19 Uhr. Ich schreibe vor dem weitgeöffneten Fenster, in dem sich die bläuliche Linie der fernen Berge abzeichnet, die zur Ebene von Chalon hin abfallen. Der Springbrunnen hat den gleichen Klang wie mitten in der vergangenen Nacht.

16. August
Welch drückendes Gewicht hat der Kampf, den wir zu führen haben. Kämpfen, ja – die Prüfung hat sogar etwas Schönes an sich –, aber nicht erleben, wie sich die lebendigen Kräfte langsam verbrauchen, ohne die ich alle meine Energie nicht zusammennehmen könnte, um weiterzumachen.

17. August
In der Kirche hörten wir heute als Lesung den An-

fang des zweiten Petrusbriefes. Ich versuche, zuzuhören in der Haltung eines Menschen, der von einem Zeitgenossen Jesu einen Brief erhalten hat. Jedes Wort hat sein Gewicht. Der Glaube des Petrus! Das ist sehr viel in einem Menschenleben.

18. August

Gespräch mit M. über das Besondere in unserer Berufung. In den vergangenen Jahren haben wir uns vor allem darauf eingestellt, alle gastlich aufzunehmen. Leidet darunter das Absolute, das zu unserer Berufung gehört? Wird der unaufhörliche Ruf, Christus nachzufolgen, der in uns selbst eine Art Trennungslinie einzeichnet, deutlich genug herausgestellt?

19. August

Heute morgen traf ich auf der Straße Pablo Cano. „Guten Tag, Señor Pablo. Nun sind Sie ja allein, Vincente ist weggegangen.“ „Ja allein“, erwidert er. Wir grüßen uns noch einmal. Dann höre ich, wie er mir zuruft: „Bruder Roger, nicht allein. Unser Gott ist immer hier“, und dabei legt er die Hand auf sein Herz.

Ausgedehnter Spaziergang mit G. Am Ende des Gesprächs fragt er mich: „Was ist für dich das Wesentlichste an unserer Berufung?“ Gegenwärtig sehe ich ein Dreifaches: das Gebet, die Liebe zur Kirche und das Suchen nach Gerechtigkeit.

20. August

Heute sind es neunundzwanzig Jahre, daß ich das Dorf Taizé entdeckt habe. Innerhalb der Gemeinschaft habe ich es immer bevorzugt, diesen Tag nicht besonders zu begehen.

Seit den Anfängen von Taizé ist für mich an diesem abgelegenen Ort der Mensch mit oder ohne Gott, der Mensch als Opfer der Mächtigen, Tag für Tag anwesend.

22. August

Heute morgen ebenso wie gestern gemeinsames Frühstück mit Jugendlichen. Ihr Vertrauen prägt uns. Haben sie wirklich keine Ahnung von dem Kampf, den gerade die Brüder, die sie schätzen, in sich selbst auszufechten haben?

Innerhalb weniger Jahre haben sich die Beziehungen zu diesen jungen Menschen, die für ein paar Tage auf unseren Hügel kommen, gewandelt. Anfangs haben wir beim Gespräch mit ihnen nicht viel gewagt. Aber heute sprechen wir das an, was im Mittelpunkt unseres eigenen Lebens steht. Im Verlauf dieser friedvollen, schlichten Gespräche besitzt jeder Ausdruck und jeder Blick sein Gewicht.

Nach dem Mittagsgebet habe ich in der Sakristei mit einem Bruder gesprochen. Ein Mann ist zu mir gekommen und hat mir seinen Namen genannt, als kenne ich ihn. Er bat mich, in zwei meiner Bücher eine Widmung zu schreiben, etwas, das mir immer schwerfällt; aber ich habe nicht gewagt, mich dieser Geste der Freundschaft zu entziehen. Mit leiser Stimme, mir fast ins Ohr, erklärt er: „Ich hatte meinen Priesterberuf aufgegeben, aber ich werde von neuem Priester sein. Die Kirche leidet." Ich weiß nicht mehr, wer von uns beiden diesen letzten Satz hinzugefügt hat: „Die Kirche leidet! Deshalb können wir sie nicht im Stiche lassen." Dann zog er sich zurück, nachdem er mir zuvor gesagt hatte, er wolle mir schreiben.

23. August
Ich höre, Aldrin, der Kosmonaut von Apollo XI, habe Brot und Wein von der Eucharistie bei sich getragen und habe, auf dem Mond angelangt, gebetet und kommuniziert.

24. August
Heute morgen hatte ich Besuch von einem Bischof mit fünfzehn Priestern aus Italien. Ich kannte ihn nicht. Auf dem Rückweg von der Kirche sprechen wir von Christi Wort: „Dies ist mein Leib." Ich frage ihn: „Soll also die katholische Eucharistie auf immer allen Nichtkatholiken verschlossen bleiben? Bleibt der Weg eine Sackgasse?" Der Bischof antwortet mir auf lateinisch und spricht von Geduld. Es fällt mir schwer, dieses Wort anzunehmen, und ich bin ein wenig außer mir, als ich ihm entgegenhalte: Und wenn der historische Augenblick so bald nicht wiederkehren würde? Ich

spüre, wie bei den jungen Menschen die Erwartung bereits nachläßt.

26. August
Sollten die Christen nicht mehr Träger der frohen Botschaft sein? Wenn ich heute bei der Zeitungslektüre auf religiöse Nachrichten stoße, finde ich niemals etwas anderes als Niedergeschlagenheit und Traurigkeit im Blick auf die Kirche. Die Folgen davon beobachte ich seit etwa zwei Jahren. Männer und Frauen, welche die Kirche von ganzem Herzen geliebt haben, beginnen sie zu verdächtigen. Andere Männer glauben daraufhin, das Gegenteil tun und Kreuzzüge ins Leben rufen zu müssen. Die Traurigkeit dieser Zeit löst alle Kraft zum Voranschreiten auf. Welche fröhliche Nachricht wird die große Mehrzahl mitreißen?

28. August
Seit heute abend ist unsere Kirche überfüllt. Weshalb kommen gerade hierher so viele junge Menschen? Das Beste, was sie uns bringen, ist, daß sie unser Warten mittragen. Aber wie können wir ihre Erwartung stützen? Was können wir anderes tun, als ihnen zuzuhören, zu versuchen zu begreifen, was sie bewegt?

4. September
Heute früh beim gemeinsamen Gebet kommt mir plötzlich der große Wert meiner Brüder zum Be-

wußtsein, und ich bin zutiefst davon ergriffen. Sie geben ihr Leben, ihr ganzes Leben. Sie zahlen einen hohen Preis für ihr Engagement. Das verstehe ich besser als sonst irgend jemand. Doch dann weiß ich nicht mehr, ob meine Bewunderung meinen Brüdern gilt oder Christus, der sie gezeichnet hat.

6. September
Ein Junge wollte mit mir sprechen, um mir zu sagen, daß er nicht verstehe, weshalb wir auf die Fraternitäten von Jugendlichen verzichtet hätten. Sein Gesicht, gewöhnlich vor Freude strahlend, war tränenüberströmt. Dieses Gesicht ist mir den ganzen Tag über gegenwärtig geblieben.

Ich habe ihm erklärt, daß in mehreren dieser Fraternitäten, in denen Jugendliche für ein oder zwei Jahre unter einem Dach zusammen gewohnt haben, die weniger Soliden über die anderen die Oberhand gewonnen hätten. Aus Großzügigkeit diesen gegenüber hatten diejenigen, die zu Anfang einem Ruf des Evangeliums folgen wollten, schließlich begonnen, den Ruf Christi zu relativieren. So verlor das Salz nach und nach seine Kraft und wurde schal.

Heute abend denke ich weiter darüber nach. Für die Sackgasse, in die wir mit diesen jungen Leuten hineingeraten waren, muß ich meinen Anteil an Verantwortung auf mich nehmen. Ich hatte mir gesagt: Können wir die jungen Menschen nicht an unserer Erfahrung beteiligen? Was wir für ein ganzes Leben tun – kann dasselbe nicht von ihnen für eine begrenzte Zeitspanne versucht werden?

Heute entstehen kleine Zellen der Kirche, die brüderlich und provisorisch sind. Sie fügen sich in das Leben der Menschen ein, um sich darin zu verbergen, um darin aufzugehen. Sie gehören zur unterirdischen Bewegung der Kirche. Es gibt sie mehr oder weniger überall. Gleich den Zellen des Körpers entstehen sie, teilen sich und vergehen. Manche hören für eine Zeitlang auf zu existieren und verändern sich danach.

Obwohl solche Zellen jetzt vorhanden sind, ist es mir schwergefallen, auf diese Fraternitäten Jugendlicher verzichten zu müssen. Hatte ich für sie im tiefsten Herzen Erbarmen? Jedesmal, wenn von mir gefordert wird, nein zu sagen, um diesen oder jenen in der Dynamik des Vorläufigen zu halten, fürchte ich hernach, gegen die Barmherzigkeit verstoßen zu haben. Heute konnte ich diesen Jungen glücklicherweise zum Essen einladen. Wir haben gemeinsam gelacht, und Lachen führt zu vollem Menschsein.

8. September

Ein Mädchen schreibt mir: Die Revolution könnte sie, die Christin ist, so weit bringen, daß sie, wenn nötig, die Maschinenpistole auf die eigenen Eltern anlege, um sie zu töten. Der Geist der Zerstörung hat also in ihr Fuß gefaßt. Ob sie es jemals wirklich tut oder nicht, der Bruch in ihr ist vollzogen, „um einer größeren Gerechtigkeit willen für die Menschen", wie sie sagt.

9. September
Schriftliche Frage eines Jugendlichen, der hier in Taizé ist: „Sie sprechen von Leiden im Herzen der Kirche. Man spürt, daß Sie etwas Präzises ausdrücken und daß Sie es ebenso erleben. Für mich ist die Sache an sich ungreifbar und äußerlich; aber Ihr Beteiligtsein an diesem Leiden erhebt für mich eine Frage. Wie steht es wirklich um diese Krankheit im Herzen der Kirche? Und dann: Wie kann die Beteiligung junger Laien an der Schaffung eines Gleichnisses der Liebe Christi in der Kirche und für die Welt aussehen?"

11. September
Meine Mutter tritt heute in ihr 90. Lebensjahr ein. Beim Verlassen der Kirche war sie von zahlreichen Freunden umgeben und sagte zu einem von ihnen, der es gleich aufgeschrieben hat: „Ich weiß, daß ich im Jenseits, wo ich einmal sein werde, Gott unaufhörlich loben werde. Da dieses Lob aber bereits der beste Teil meines Lebens auf dieser Erde ist, welche Schönheit werde ich erst dort erfahren!"

12. September
Nur eine Aussöhnung wird der Kirche frischen Wind und ein wirkliches Fest bringen.

Zu Beginn des Jahrhunderts hat Pius X. die Kommunion den Kindern in frühem Alter erlaubt und löste damit einen Aufschwung aus, wie ihn kein Mensch zu erhoffen gewagt hatte. Er befreite das christliche Gewissen von inneren Zweifeln gegenüber dem Kommunionempfang. Welcher Bischof von Rom wird heute als Rufer zur Versöhnung die innere Kraft für eine schlichte Geste aufbringen: den Zugang zur katholischen Kommunion allen Nichtkatholiken zu öffnen, die die Realität der Präsenz Christi in der Eucharistie suchen – und damit der Aussöhnung neuen Aufschwung verleihen?

29. September

Manche meinen, das Leben auf dem Land bedeute Isolierung, fern von der Welt. In Wirklichkeit zieht der Mensch die Welt mit sich, bis in die Wüste hinein. Nichts fällt mir persönlich leichter, als mitten in einer Großstadt zu leben. Dort kann ich allein sein. Dort ist die Welt nicht mehr und nicht weniger gegenwärtig als im Frieden der ländlichen Umgebung.

17. Oktober

Ein junger Jesuit aus Kolumbien stellt mir die Frage: „Weshalb hat die Theologie R. Bultmanns keine Auswirkung auf die Gesamtheit der Brüder, wo Sie sich doch den Gedanken unserer Zeit nicht verschließen?“

Uns kommt es auf etwas anderes an; folgendes ist uns weitaus wichtiger: Es geht darum, die Kirche und die Erde bewohnbar zu machen. Und in jedem Menschen die Bewußtwerdung zu wecken: Der Mensch kann sich seiner selbst bewußt werden, seiner Gedanken, seines Wertes, der Gaben Gottes in ihm, denn Gott ist in jedem Menschen gegenwärtig.

Da unsre Kräfte begrenzt sind, müssen wir eine Auswahl treffen. Was uns auf der einen Seite entgeht, gewinnen wir da, wo es nach unsrer Meinung um das Los der Menschheit geht. Wer könnte an mehreren Fronten zugleich den Kampf führen?

26. Oktober

Während ich in der Kirche mit einer Gruppe von etwa vierzig Männern spreche, sehe ich, wie einer von ihnen, der offenbar noch ziemlich jung ist, zusammenbricht. Zwei von seinen Begleitern heben ihn auf und legen ihn auf den Boden vor dem Altar. Er kommt wieder zu sich. Sein abgezehrtes, schweißbedecktes Gesicht läßt etwas von seinen Schmerzen ahnen. Ein Arzt kommt und läßt für den Kranken Tee holen. Dieser lehnt ab und flüstert kaum vernehmbar: „Nein, nicht hier.“ Es widerstrebte ihm, dieses Getränk dort zu sich zu nehmen, wo die Eucharistie gefeiert wird. In dieser Haltung liegt eine Größe. „Nein, nicht hier“; diese drei Worte genügen mir und erfüllen mich. Andererseits finde ich nichts dabei, wenn in den

Tagen großen Zustromes, vor allem wenn es draußen noch kalt ist, junge Leute ihre Luftmatratzen in die Kirche tragen und dort die Nacht verbringen, selbst hier am Boden vor dem Altar.

27. Oktober

Studenten haben mich gefragt, wie man eine Gemeinschaftsregel für ihr Internatsjahr ausarbeiten könne. Eine Regel! Was für ein juristischer Ausdruck! Nun, ich habe ihn selbst verwendet vor nunmehr zwanzig Jahren, als ich jenes Büchlein verfaßte, in dem ich die Leitlinien unserer Gemeinschaft aufzeichnete. Ich schlug ihnen vor, sich – von ihrer ganz konkreten Umwelt ausgehend – selbst zu befragen. „Gleich vielen jungen Menschen lehnt ihr jegliche Privilegien ab. Und doch wird euch euer Studium Privilegien verschaffen, möglicherweise werdet ihr Anteil an der Macht bekommen. Werdet ihr euch vorbereiten, über den Menschen zu herrschen oder ihm zu dienen?"

28. Oktober

Heute morgen habe ich mich gefragt, welches Wort wohl meine eigene Existenz charakterisieren könnte. Ich habe nur eine Antwort gefunden: Treue.

In der romanischen Dorfkirche sind einige junge Leute. Sie knien oder haben sich zu Boden geworfen und suchen eine Weile stiller Besinnung.

Dann tritt lärmend und Unruhe verbreitend eine Schar von Frauen ein, die alles genau besichtigen wollen. Jemand macht sie darauf aufmerksam, daß sie sich an einem Ort des Gebetes befinden. Daraufhin ziehen sie ihre Rosenkränze heraus und beten mit großem Wortschwall. Ihre Tätigkeit besteht also erneut im Schwatzen. Mit einem Wort gesagt: Sie wenden sich gegen die Stille und bekämpfen sie.

Bisweilen kommt auch eine sehr alte Frau. Sie betet denselben Rosenkranz, aber mit welcher Innerlichkeit.

30. Oktober

Noch ist es draußen Sommer. Heute erscheint alles in durchsichtiger Bläue.

R. möchte gern mit mir über seine Arbeit sprechen. Wie kann man 10 km von Taizé entfernt Informatik lehren und dem gemeinsamen Gebet den Vorrang lassen? Ich gebe ihm die Gewißheit, daß es bei ihm keine Zweiteilung von wissenschaftlicher Forschung und unserer gemeinsamen Schöpfung geben kann. Wie er auch darüber denken mag, er hat verstanden, beides ineinander zu integrieren. Aber für die Erfordernisse seiner Forschung zahlt er natürlich seinen Preis.

7. November

Weshalb diese Liebe zum Haus? Das Feuer, das im Kamin glüht und den ganzen Winter über mein

Zimmer wärmen wird; die Regentropfen, die seit heute früh nach Monaten der Trockenheit an meinem Fenster herabperlen. Ich habe mein Schreibpult vor das Fenster gezogen. Ich kann keinen Satz zu Ende schreiben, ohne die Augen zu heben, aus Furcht, eine Änderung draußen zu verpassen, einen Lichtschein, der die langgezogenen Wolken säumt, die Durchbrüche des blauen Himmels. Orient am Himmel von Burgund.

8. November

Das Gebet? Eine Welt. Es gibt Tage, an denen ich das Lobgebet nicht sprechen, sondern tanzen möchte. Ich habe mit Frau R. darüber gesprochen. Als ich ihr das erste Mal begegnet bin, habe ich sie mit ihren strengen, unbeweglichen Zügen für eine echte Puritanerin gehalten. Ich wußte nicht, daß sie treibende Kraft einer choreographischen Schule an einer amerikanischen Universität war. Eines Tages sah ich sie das „Stabat Mater“, von Pergolesi tanzen – eine völlig verwandelte Frau.

Ich habe sie nach ihrer Meinung über die Verwendung des Tanzes in der Kirche befragt. Sie dachte eine Zeitlang nach und antwortete nach einer längeren Pause:

„Wir Abendländer können nie von unseren Hemmungen loskommen. Tanz im Kult bleibt Kunstwerk. Dennoch kann er sich, nach unserem Maße, durch kaum merkliche Bewegungen manifestieren. Sie genügen. Auf diese Weise kann ich selbst Gelähmte tanzen lassen. Wie? Indem ich ihnen vorschlage, daß sie an Bewegungen denken und selbst unmerkliche auszuführen versuchen. Es gibt sie potentiell in jedem Menschen. Das wichtigste ist, sie in der Vorstellung zu leben, wenn es anders nicht geht."

10. November
In mir lebt der Mensch, der sich nicht für notwendig hält. Wie kommt es, daß die anerkennenden Bestätigungen durch die Menschen, die ich liebe, an der Oberfläche bleiben und sich beim ersten Anstoß verflüchtigen?

Der Wind weht vom Osten her. Seit dem Morgen folgt eine Bö auf die andere. Ermüdet von diesem ständigen Geräusch, sehne ich mich nach der Stadt.

12. November
Ich bin nach Mâcon gefahren, um Weihnachtseinkäufe zu machen. Während wir den letzten Hügel hinabfahren, an dessen Fuß Mâcon liegt, sehen wir den Jura, wie ich ihn in seiner vollen Tiefe nie zuvor gesehen habe.

Mâcon begeistert mich wie an dem Tag, als ich es zum erstenmal entdeckt habe, an einem warmen Augustmorgen 1940. Ich habe viele Städte durchquert. Aber diese Orte im Saône-Gebiet! Die Straße windet sich von der alten Brücke bis zur Place de la Barre; dann kommt die Place aux Herbes, die gerade um die Weihnachtszeit so gemütlich wirkt. Das alles übt seine Anziehungskraft auf mich aus und spricht zu mir stets dieselbe einladende Sprache.

Am Saône-Ufer blüht die Kapuzinerkresse. Hier hat es also noch nicht gefroren, während bei uns in Taizé die Gärten seit zehn Tagen wie ausgelöscht sind von einer einzigen Frostnacht.

Der Rückweg nach Taizé geht durch den Bois Clair, dann müssen wir durch das blaue Tal absteigen, um anschließend durch verlassenes Land zu fahren. Die bewohnten Häuser lächeln mir zu.

Beim Erwachen versetzt mich der letzte Traum der Nacht auf einen Hügel des Mâconnais. Dort stehe ich hoch auf einem Turm zusammen mit meiner Schwester Geneviève und den andern, um auf den Sonnenaufgang zu warten. Hinter dem Jura erscheinen zunächst die ersten breiten Lichtblitze, die hoch in die Fernen des Himmels aufsteigen, um dann wieder zu verschwinden und anderen Platz zu machen; ein großartiges Feuerwerk. Dann erscheint die Sonne mit ihrem oberen Rand. Gleich danach ist wieder alles in Dunkel getaucht. Aber niemand war darüber erstaunt; das war sozusagen die Spielregel. Dieses gewaltige Bild weckt in mir eine heftige, tiefgreifende Freude.

Ich erinnere mich, daß ich in eben diesem Jura geboren bin, wo der Blick in eben solche Weiten reicht.

15. November

Ich habe im Garten Chrysanthemen und Ringelblumen gepflückt. An diesem Spätherbsttag schwelgt der Himmel in violetten und orangefarbenen Tönen. Und schon zeigt am Fuß der Hausmauer der Jasmin seine ersten Blüten an.

22. November

Am Nachmittag sind wir in Rom angekommen. Wir hatten uns vorher darauf gefreut, durch Italien hinabzufahren und den Herbst zu bewundern. Aber was uns empfing, war Nebel und sintflutartiger Regen. Ein fahles Dämmerlicht lag an diesem Morgen, den wir uns so herrlich erträumt hatten, über allem.

Unser erster Weg führte uns zum Corso. In unserem Haus, der Ecke gegenüber, die wir bewohnen, liegt die Kirche Santa Maria in Via Lata. Sie wurde über dem Haus errichtet, in dem Paulus unter Bewachung gelebt haben soll. Jahrelang war sie wegen Restaurationsarbeiten geschlossen. Seit kurzem ist sie nun wieder geöffnet. Bis spät in die Nacht hinein halten Ordensschwestern hier ein ununterbrochenes Gebet. Als junger Priester hat Angelo Roncalli, der spätere Papst Johannes XXIII., in der zur Kirche gehörenden Wohnung gelebt. Er hat an diesem Platz gebetet. Mein Herz bricht auf in festlicher Freude.

In der Kirche sind ein paar junge Leute. Auf der Schwelle steht zögernd ein Vater mit seinem kleinen Mädchen. Wir lächeln einander zu.

25. November

Heute wäre Papst Johannes achtundachtzig Jahre alt geworden. Ich lese in den Briefen an seine Angehörigen. Er, ein armer Priester, liebte die Seinen und war in liebevollster Weise um sie besorgt.

Die Wohnung atmet eine ruhige Heiterkeit. Heute abend haben wir uns gesagt, daß die Stille, wenn auch in anderer Weise, hier ebenso gegenwärtig ist wie in Taizé. Im Hof fließt das Wasser des Springbrunnens mit großen Luftblasen.

Der Mond drängt sich durch die grauen und bräunlichen Wolken. Mitten in der Stadt sieht man besser als überall anders, wie er über dem von tausendfachem Rauch gefärbten Dunst schwimmt. Auch in den Großstädten braucht die Poesie nicht zu sterben.

Der Mensch ist Schöpfer. Beschmutzen auch manche seiner Entdeckungen Wasser und Luft, so wird er Mittel und Wege finden, Abhilfe zu schaffen. Wenn ich weiß, daß die wachsende Masse der Menschheit gewaltige Mittel zu ihrer Entwicklung braucht, so habe ich Vertrauen in die schöpferische Fähigkeit des Menschen. Der Technik gegenüber trägt bei mir der Optimismus den Sieg davon.

26. November

Der heute abend zu Tisch geladene Bischof ist voll

Liebenswürdigkeit. Während der Mahlzeit lachen wir alle viel. Ich sehe mich sogar genötigt, ein humorvolles Ereignis beizusteuern, um einem meiner Brüder ein Ventil für sein kaum noch zu unterdrückendes Lachen zu schaffen. Aber alles wird gut aufgenommen. Das Gespräch bewegt sich in alle Richtungen, und wir kommen auch auf sehr ernste Themen zu sprechen. In den vielen Gesprächen dieser Tage, mit den verschiedensten Gegenübern, werde ich wieder darauf zurückkommen.

27. November

Ich komme immer mehr zu der Überzeugung, daß unsere Communauté nur weiterbestehen kann, wenn sie eine Gemeinschaft mit dem Bischof von Rom vorwegnimmt, ohne dabei die geistlichen Familien zu verleugnen, aus denen sie stammt.

28. November

Nach unserer Gewohnheit in Rom sind wir gegen 23 Uhr zur Hauptpost gegangen, um dort unsere letzten Briefe einzuwerfen. Ich gehe zusammen mit einem jungen Bruder, der morgen nach Nordostbrasilien abreist. Da er morgen in aller Frühe aufstehen muß, mich jedoch nicht wecken wollte, hatte ich ihm bereits den Segen gegeben, und wir hatten schon Abschied genommen. Nachträglich haben wir uns dann noch zu dem Spaziergang entschlossen.

Wir waren nur noch zwei Minuten vom Haus entfernt, als er mir mitteilte, was er seit Monaten für sich behalten hatte: Ein gemeinsamer Freund, der Priester ist, hatte seine Rückversetzung in den Laienstand beantragt.

Binnen weniger Sekunden wiederholte sich in mir eine ganze lange Geschichte. Getroffen und entdeckt hatte ich diesen jungen südamerikanischen Priester mit seinem klaren, offenen Gesicht auf dem Konzil, mit seinem großzügigen Lachen, seinem tiefgründigen, etwas traurigen Blick. Sein Bischof könnte nicht großmütiger sein, und der Sohn schaute so sehr auf den Vater. Da ich beide Menschen liebe, suchte ich zu begreifen.

Was wird aus diesem Priester werden, fern vom Priestertum? Dieser Schlag ist so schwer für mich, daß ich mich mit einmal gealtert fühle. Als ich danach wieder allein auf meinem Zimmer bin, kommen mir die Tränen, als ich versuche, das Geheimnis dieses Lebens zu erfassen.

30. November

Sonntag in Rom. Ein langer Spaziergang auf dem Palatin, die Briefe, so gut, sie zu schreiben, der Anruf aus Taizé, der lange Weg durch die belebten und bisweilen geradezu wimmelnden Straßen, das Essen, durch eine Meditation zum Evangelium eröffnet und eingeleitet von einem jungen Lateinamerikaner, das Gebet um 23 Uhr in S. Maria in Via Lata, alles Dinge, die einen Tag festlich machen.

3. Dezember
Gewisse Strömungen unserer Zeit suchen nach Pluralität ohne Einmütigkeit. Das ergibt in der Kirche einen Leib ohne Herz. Daher hat erneut ein Kampf begonnen zwischen denen, die nur die Verschiedenheit der Glieder sehen, und den anderen, die aus Reaktion ein übergroßes Herz durchsetzen möchten. In einer monastischen Gemeinschaft wäre es dadurch über kurz oder lang unmöglich, ein Gleichnis der Einheit zu leben.

5. Dezember
Ein festlicher Morgen. Gespräch im Staatssekretariat. Welcher Familiengeist, der menschlichen Art der Italiener eigen, herrscht im Vatikan! Die Führer der beiden Lifte sind alte Freunde. Am Ende der Galerie grüßt mich ein Schweizergardist. Ich frage: „Kennen wir uns vom Konzil her?“ „Nein“, erwidert er, „aber ich war in Genf mit Ihnen zusammen auf dem Schiff des Papstes.“ Ein alter, müder Bischof sitzt da, mit einem Blick voll Traurigkeit. Wir wechseln einige Worte. Dann werde ich von zwei Priestern angehalten, die mich kennen. Der eine von ihnen ist der junge Bischof von S. in Mittelitalien. Nach meiner Besprechung fahre ich im Lift wieder abwärts, zusammen mit einem anderen italienischen Priester. Er erzählt mir, er sei mehrfach in Taizé gewesen. Beim Verlassen des Gebäudes erneute Gesten der Freundschaft von seiten derer, die für die Regelung des

Empfanges sorgen – alles so schlicht und so menschlich: Gottes Antlitz auf den Gesichtern von Armen.

7. Dezember
In der Stille meines römischen Zimmers werde ich mir in manchen Augenblicken klar darüber, daß in der Kirche gewisse Reformen nur die Oberfläche berühren können. Nicht diejenigen, die „Herr, Herr" rufen, sind es, die den Willen des Vaters tun. Ebensowenig sind nicht unbedingt diejenigen, die „Reform, Aggiornamento" rufen, die Ansprechbarsten und Aufgeschlossensten. Es mag nicht schlecht sein, die Außenseite einer Schale zu waschen, aber was wird aus uns, wenn das Innere nicht klar ist?

9. Dezember
Brief an einen lateinamerikanischen Priester:

„Ich folge Ihnen Schritt für Schritt bei Ihrem gefährlichen Kampf, den Sie begonnen haben für diejenigen, die von den Menschen und von uns Christen aufgegeben sind. Sie werden unter den Armen einen Dienst leben, der menschliche Möglichkeiten übersteigt.

Ich entsinne mich gut Ihres inneren Kampfes. Ich sage mir: Ja, die Reformen sind von wesentlicher Bedeutung für das Volk Gottes, aber unter der einen Bedingung: daß die Menschen umgewandelt werden.

Ich treffe mit alten Menschen zusammen, die Schwierigkeiten haben, die Notwendigkeit von Neuerungen zu begreifen. Aber sie sind voll von Güte. Bei ihnen ergänzen die Gaben des Herzens und die pastorale Bereitschaft vieles, was fehlt. So hindern sie die Menschen, die sich ihnen anvertrauen, nicht daran, voranzuschreiten.

Heute stimmen in der Kirche noch andere Menschen den Reformen zu. Sie sind jünger oder wirklich jung, und sie glauben mitten in der Erneuerungsarbeit zu stehen, wenn sie sich rational damit auseinandersetzen. Einige von ihnen, die menschlich und pastoral verständnislos sind, lassen sich auch durch die gegenwärtigen Fehlschläge nicht in Frage stellen. Statt andere mitzureißen, halten sie die besten Christen in ihrer Abhängigkeit.

Ich befinde mich in diesem reiferen Alter, und Sie werden auch in dieses Alter kommen. Wie können wir uns vor Verständnislosigkeit schützen, vor der Härte gegenüber anderen, speziell jenen Menschen gegenüber, die andere verletzen?“

17. Dezember

Heute Privataudienz bei Paul VI. Der Papst war fröhlich und sagte zu Beginn ein so positives Wort über Taizé, daß ich nicht wage, es zu wiederholen. Das Gespräch nimmt seinen Fortgang, und wir kommen sehr weit. Der Papst nimmt sich vor, die Messe am 31. Dezember im Gedenken an Taizé zu feiern.

29. Dezember
Vor zehn Tagen nach Taizé mit einer herdförmigen Lungenentzündung zurückgekommen. Die Krankheit und die Arbeit haben alle meine Kräfte aufgezehrt. Die beiden Brüder, die Ärzte sind, hatten mich eindringlich gebeten, nicht aufzustehen, auch nicht für die Mitternachtsmesse zu Weihnachten. Aber an diesem Abend lag einer von ihnen selbst mit einer Grippe zu Bett, der andere tat Dienst im Krankenhaus von Mâcon. So konnte ich in aller Freiheit die erhaltenen Anweisungen übertreten. Und nun bin ich auf den Beinen und bereit weiterzumachen.

Jeden Tag bleibe ich in der Kirche, um mit den jungen Menschen zu sprechen. Dabei ist mir eine Frage gestellt worden: „Was bedeutet Sünde?" Heutzutage ist es nicht leicht, darüber zu sprechen. Von der Psychologie haben wir erfahren, daß im Menschen ein Hang zu Unordnung vorhanden ist. Kinder haben unter ihren Eltern gelitten, aber auch die Eltern selbst hatten in der Frühphase ihrer eigenen Erziehung ein seelisches Trauma erlitten. Der Mensch ist durch diese Erkenntnis von einer Last von Verantwortung befreit, die aus der ganzen Reihe seiner Vorfahren stammt. Worin besteht dann noch die Sünde? Sie ist jedesmal dann vorhanden, wenn ich bewußt meinem Willen dem Willen Christi gegenüber den Vorzug gebe, jedesmal, wenn ich, anstatt dem Menschen zu dienen, ihn mir selbst dienstbar mache.

31. Dezember

In diesen letzten Stunden des Jahres überflutet mich eine Welle von Freude. Ich bin so voller Dankbarkeit, daß ich die unmittelbaren Schwierigkeiten als leicht empfinde.

Die vielen verschiedenen Gesichter junger Menschen aus den verschiedensten Ländern, die in Taizé sind, ermöglichen es mir, zu glauben, daß wir mit ihnen für den Menschen und für die Kirche etwas aufbauen können.

Wir werden die Schwierigkeiten der Kirche durchstehen und sie dabei um so mehr lieben.

Dankbarkeit für H. und G., unsre beiden ersten katholischen Brüder; Dankbarkeit für jeden einzelnen meiner Brüder ohne irgendeine Ausnahme.

Den tiefsten Grund der Freude glaube ich bei mir darin zu entdecken, daß ich bereit bin, eines Tages das irdische Leben zu verlassen, um in ein neues Leben hinüberzugehen, das nie enden wird. Wie die Ewigkeit Gottes sein wird, berührt mich wenig; ich habe Besseres zu tun, als mir Bilder und Vorstellungen eines Paradieses auszumalen. Aber wissen, daß ich einmal in Frieden meine Augen schließen und Christus begegnen kann, ist für mich Grund zum Fest. Die Zustimmung zum eigenen Tod läßt mich einen Lebensstrom neu entdecken.

Dialog

Von der Frühe an ein Fest

Wer sind Sie?

Ich bin Roger, euer Bruder. Ich liebe diesen Vornamen, weil er mir von meinen sieben Schwestern gegeben wurde. Als ich geboren wurde, haben meine Eltern, um meine Geburt zu feiern, meine Schwestern zusammengerufen. Und so haben meine Schwestern den Namen, den ich trage, ausgewählt.

Wie können Sie schon so lange in einer Gemeinschaft leben, ohne einer gewissen Routine zu verfallen? Woher nehmen Sie die Kräfte zur Erneuerung?

Im Bereich des inneren Lebens gibt es keine Privilegierten. Wer wir auch seien, wir sind stets darauf verwiesen, jeden Tag neu zu beginnen; jeden Morgen das Kreuz wie auch das Fest tief in uns wiederzufinden.

Was uns durchhalten läßt, ist ein Engagement, das wir für das ganze Leben eingegangen sind, ein Ja, das nachträglich nicht wieder in Frage gestellt wird. Natürlich gibt es Tage, an denen dieses Ja schwer werden kann, an denen es nicht mehr aus der Spontaneität des eigenen Wesens hervorgeht; eine Zeitlang wird das vor Gott eingegangene Engagement wie ein Gesetz geachtet. Das gilt aber auch für diejenigen, die die Treue in der Ehe leben. Von Zeit zu Zeit brauchen wir das Gesetz wie einen Pädagogen. Aber nicht für allzu lange Zeit! Immer kommt der Augenblick wieder, an dem das Fest möglich ist.

Die Einheit der Völker kommt quer durch Rassenkreuzungen und Vermischung zustande. Auch für die Christen ist das Zusammensein in all unsern Verschiedenheiten nach so vielen Jahrhunderten des Getrenntseins ein Weg, um zur sichtbaren Einheit zu gelangen.

Die bloße Anwesenheit der katholischen Brüder hat uns gezwungen, konkret zu sein, uns mit rein theoretischen Antworten nicht abzufinden. Diese Menschen haben starke Glaubensbezüge. Im Zentrum ihres Lebens steht die Einmütigkeit des Glaubens. So stellen sie uns die Frage nach der Kirche.

Worin unterscheiden wir uns im Zusammenleben? In nichts, außer daß sie uns durch ihr Leben die Frage nach einem universellen Hirtenamt stellen.

Wozu brauchen wir einen Menschen, der die Einheit lebendig erhält, im Zentrum der Kirche? Wozu den Dienst eines Hirten für die Mehrzahl der Christen?

Die Anwesenheit unserer katholischen Brüder führt uns aus den fruchtlosen ökumenischen Gesprächen heraus, die nicht in die Einheit münden. Sie konfrontiert uns mit der Frage, was die Einheit ist. Kann die Einheit aller Christen wiederhergestellt werden ohne ein sichtbares Zentrum, ohne einen Hirten für alle?

Gewiß ist das Amt des Dieners der Diener Gottes mit einem ungeheuren historischen Gewicht belastet. Die im Laufe der Jahrhunderte immer wieder übergeworfenen Gewänder lassen dieses einzigartige Amt schlecht durchscheinen. Aber wenn wir nicht an dieses Amt glauben, wer wird dann in unserem Namen zur gesamten Menschheit sprechen, wenn dramatische Entwicklungen und Situationen dies erfordern? Wer wird dann ein lebendiges, für das ganze Gottesvolk gültiges Wort Christi für uns heute in die Gegenwart sprechen?

Läuft das Fest nicht Gefahr, zu einem Strohfeuer zu werden? Wie kann es zu einem bleibenden Feuer werden?

Seit ein paar Jahren komme ich öfters zurück auf einen Gedanken des heiligen Athanasius, den einer meiner jungen Brüder entdeckt hat: „Der auferstandene Christus macht das Leben des Menschen zu einem ununterbrochenen Fest.“ Als mir dieser Bruder zum erstenmal diese Worte gesagt hat, habe ich nichts geantwortet, mir aber gesagt: Dieses „ununterbrochen“ hat etwas Provozierendes an sich.

Heute glaube ich, Athanasius hat sehr wohl gewußt, weshalb er dies sagte. Unsre christliche Existenz besteht darin, daß wir ständig das Ostergeheimnis leben: ein kleiner Tod nach dem andern, denen die Anfänge einer Auferstehung folgen. Hier liegt der Ursprung des Festes. Von nun an stehen alle Wege offen. Unser Leben geht weiter, und wir nutzen das Gute wie das weniger Gute. Das Fest erscheint wieder sogar in den Augenblicken, in denen wir nicht mehr recht wissen, was uns widerfährt, ja selbst in der härtesten Prüfung des Menschen, wenn eine persönliche Bindung zerbricht. Das Herz ist gebrochen, aber nicht verhärtet; es beginnt wieder zu leben.

Und Sie selbst, Bruder Roger, wie machen Sie es, daß Sie das Fest leben können?

Zunächst stimme ich meinem eigenen Menschsein zu. Ich weiß, daß durch Christus nichts verloren ist. Alles wird von ihm wieder ergriffen, so sehr, daß das Fest jeden Morgen beim Erwachen die Oberhand zu gewinnen vermag. Welcher schwere Vorfall sich auch immer im Lauf des Tages ereignet, das Fest in meinem Innern bedeutet eine Belebung von innen her. Es verwandelt ein Ereignis und formt es um. Es richtet den niedergeschlagenen Menschen wieder auf.

Das Fest entsteht nicht aus einer künstlichen Überspanntheit. Das Fest baut sich auf. In der Monotonie des Lebens enthüllt sich nach und nach ein verborgenes Leuchten.

Die Mahlzeiten erneuern das Fest. Wissen Sie, wie ich zuweilen mit meinen Brüdern reise? Im Zug nehmen wir unsere Verpflegung mit. Wenn es ein Abend ist, löschen wir die Beleuchtung des Abteils, zünden eine große Kerze an und laden die Unbekannten, die mit uns reisen, ein, mit uns zu essen, um nicht nur unter uns das Fest zu feiern, sondern zusammen mit denen, die um uns sind.

Je älter ich werde, desto mehr suche ich das Fest in den Zeugen, auf die ich mich stütze. Oft lese ich zwei oder drei Worte von Johannes XXIII. Ich habe ihn geliebt, und das war gegenseitig. Ich brauche sein Gesicht, und ich habe Vertrauen in sein Gebet. Er ist in der Ewigkeit Gottes.

Um das Fest zu leben, braucht man Gesichter eher als Worte. Sie übertragen Freundschaft, und Freundschaft ist das Antlitz Christi. Nichts ist schöner als ein Gesicht, das die Kämpfe eines Lebens durchscheinend gemacht haben. Es gibt nur schöne Gesichter, seien sie nun traurig oder strahlend. Mein Leben besteht darin, in den anderen zu erkennen, was sie zerrüttet, was sie erfreut, und mit den Menschen Leid und Freude zu teilen.

Seit meiner Jugend habe ich mein ganzes Leben hindurch den Wunsch gehabt, nie jemanden zu verurteilen. Für mich war das Wesentliche im Verhältnis zu jedermann, stets alles von ihm zu begreifen. Und wenn es mir gelingt, den anderen zu begreifen, so ist das schon ein Fest.

Bei der Buchhandlung Heinr. Feesche, Hannover, Georgsplatz 1, Tel. 18515
bestelle ich folgende Bücher / Zeitschriften zur baldmöglichen Lieferung
Zahlung folgt nach Empfang — ist nachzunehmen

.... Expl. ....

.... Expl. ....

.... Expl. ....

.... Expl. ....

.... Expl. ....

.... Expl. ....

.... Expl. ....

Blockschrift oder Stempel

Name: ....

Vorname: .... Beruf: ....

Wohnort: ....

Straße: ....

Datum: ....
Unterschrift

Die Rechnung soll beigelegt und

☐ auf meinen Namen

☐ auf ....

.... ausgestellt werden.

Bücherwünsche

erfüllen wir gern; bitte benutzen Sie diese Karte für Ihre Bestellung.

Es gibt ca. 200000 lieferbare Bücher allein in deutscher Sprache. Wir können daher nicht alle Titel an Lager halten, besorgen aber gern jedes lieferbare Buch auf schnellstem Wege.

Bücherzettel

bei Buchbestellungen 30 Pf

An

Heinr. Feesche
Buch- und Kunsthandlung

3 Hannover M

Georgsplatz 1

Tagebuch

Januar – Mai 1970

1. Januar
Das Jahr 1970 wird für uns das Jahr neuer Wagnisse sein.

Heute war das Gespräch mit den Jugendlichen wie ein Faustkampf. Die von ihnen, die mir mit Fragen hart zusetzten, trieben mich in meine letzten Verteidigungsstellungen zurück. Bei mir selbst habe ich darüber gelacht, aber bisweilen blieb mir doch die Luft aus.

Wir sprachen von der Rolle Marias heute. Sie, eine Frau, wird uns eine Entdeckung ermöglichen. Die Kirche hat die Initiativen Männern überlassen. Maria lehrt uns, daß Initiative ebenso Sache der Frau wie des Mannes ist. Als erste Zeugin der Kirche fordert sie den Mann auf, sich von seinem Überlegenheitsgefühl freizumachen und sein autoritäres Wesen abzulegen, um Mitarbeiter Gottes zu werden.

Die letzte Frage betraf unser Verhältnis zur Arbeiterschaft. Meine Antwort: In unsern Fraternitäten, die weit weg sind, zeigen sich neue Möglichkeiten. Doch in unserer Umgebung haben sich für uns die Tore der Fabriken geschlossen, seit man zu der Überzeugung kam, eine 30 km von hier entfernt lebende Fraternität durchschaue die wirklichen Verhältnisse zu gut, unter denen viele Arbeiter leben. Seitdem ist es für uns hier in der Nachbarschaft unmöglich, einen Arbeitsplatz in einer Fabrik zu bekommen. Es gibt jedoch immer Brüder, die tagtäglich hier in der Umgebung zur Arbeit fahren.

Ich hätte hinzufügen sollen, daß ich jetzt, zu Beginn dieses Jahres, niemanden weiß, der eine Lösung des Gerechtigkeitsproblems geben kann. Ich habe in liberale Demokratien, die von Oligarchien geführt werden, kein stärkeres Vertrauen als in ein System, wo in bestimmten sozialistischen Ländern Polizeiherrschaft ausgeübt wird. Wie kann man einen Anstoß für eine gerechte Gesellschaft geben?

2. Januar

M. ist wieder zurück. Er berichtet mir von den letzten Stunden seiner Mutter. Ohne ihren Angehörigen etwas davon zu sagen, kündigt sie einer anwesenden Person an, daß sie noch am gleichen Tag sterben werde. Der Tag vergeht wie gewöhnlich. Die Anwesenden beten wie jeden Abend zusammen mit ihr die Komplet. Sie betet inniger für viele von denen, die ihr anvertraut sind. Sie sagt ihrem Mann gute Nacht und bricht zusammen: der Tod war eingetreten.

Zwei Tage später sieht sie ihr Mann, ein Mensch

schlichten Herzens, mit einmal neben sich. Sie ist lichtumstrahlt und sagt ihm: „Sei nicht traurig. Geh still durch diese Tage. Du weißt, daß ich nicht mehr zur Erde, sondern zum Himmel gehöre.“

5. Januar

Ein junges italienisches Paar bittet mich um ein Wort für sie beide, in Anwesenheit anderer. Er ist Arbeiter, seine junge Frau Funktionärin in der Arbeitergewerkschaft. Ich bin ein wenig betroffen von der Bitte und suche mich ihr zu entziehen. Doch beider Blick ist derart sprechend, daß ich mir den Mut nehme, sie zu fragen: „Ihr hängt an Christus. Wie könnt ihr ihm auch in seinem Leib, der Kirche, gemeinsam dienen? Das ist etwas, was nicht zwischen Himmel und Erde gelebt wird, sondern mit beiden Füßen auf dem Boden der Erde.“

6. Januar

Ich habe mit Italienern und Spaniern gesprochen, die alle fest engagiert sind in der Welt der Arbeiter. Dasselbe Problem wie am Vortag hinsichtlich der Kirche. Die Kirche um ihrer selbst willen zu lieben, würde zweifellos ins Unheil führen. Was für Ungerechtigkeiten hat man nicht im Lauf der Geschichte schon um der Staatsräson willen begangen? Dasselbe ist im Namen der „Kirchenräson“ geschehen; und wie weit ist man dabei nicht manchmal gegangen? Die Kirche lieben, allein, ohne Christus, das würde zur Unerbittlichkeit führen. Doch Christus allein lieben, ohne seinen Leib, bewirkt in uns eine Beschränkung. Christus lieben und die Kirche lieben, das ist eins. Diese Worte beschäftigen mich immer wieder.

7. Januar

Auf dem Kamin in meinem Zimmer steht ein Kalender aus Italien. Die Datumziffer für jeden Tag ist sehr groß und in Rot gedruckt. So kann ich mir immer den Tag vergegenwärtigen, den ich heute zu leben habe, diesen 7. Januar und kein anderer Tag: dieser Tag, der mir angeboten ist zur Freundschaft, zum Frieden und zur Freude. Zwar habe ich einen schlechten Brief erhalten, aber er hat das glühende Feuer nicht ausgelöscht.

8. Januar

Gestern abend hatte ich ein Gespräch mit einem jungen Dichter. Wenn man ihm zuhörte, wurde alles um uns herum wieder lebendig trotz der herrschenden Winterkälte, und wir ahnten die jungen Triebe unter den abgefallenen Blättern draußen in der Allee.

10. Januar

Wie verhängnisvoll ist für einen Christen das Streben nach eigenem Erfolg sowie der Ehrgeiz, der dies unterstützt! Wenn ein Mensch keine andere Zuflucht hat, Selbstvertrauen zu gewinnen, so droht ihm schwere Zerrüttung, und er bringt sich um das Beste seiner selbst.

11. Januar

Zuhören und noch einmal zuhören. Jo, ein Volkswirt aus Afrika, spricht darüber in neuen Worten. Zuhören, sagt er, ist in Afrika die Hauptfunktion des Verantwortlichen. Er ist von anderen umgeben, die ihm behilflich sind, richtig zu begreifen, und hört jeden einzelnen an. Und dann eröffnet sich ein Weg. Entgegen dem äußeren Anschein und eben aufgrund dieser ihm auferlegten Verpflichtung zum Zuhören führt der Stammeshäuptling oft ein Leben, das hohe Ansprüche an ihn stellt.

12. Januar

In den letzten Wochen kommt A. Tag um Tag mit neuen Lasten heim, die bis an die Grenze des Erträglichen reichen. Seit sechzehn Jahren setzt er sich mit einer unglaublichen Energie dafür ein, daß sich die Lebensbedingungen der besonders schlecht gestellten Bauern ändern. Abends höre ich ihm eine Zeitlang zu. Ich teile seine Unruhe. Kann ich mehr tun?

14. Januar

Meine Schwester Yvonne kommt aus dem Kongo zurück. Sie hat mir eine Begebenheit mit ihrer vierjährigen Enkelin Stephanie erzählt. Sie hatte entdeckt, daß im Nachbarhaus ein afrikanischer Junge gleichen Alters den ganzen Tag beim Hausgesinde ohne seine Eltern verbringen mußte. Er weint ständig darüber. So geht Stephanie jeden Abend, sobald es dunkel wird, bis an das äußerste Ende des Gartens. Dort ist in der Mauer ein kleines Loch, das den Blick auf das Nachbaranwesen freigibt. Hier erwartet sie der kleine Junge, und durch das Loch hindurch halten sie sich an der Hand, obwohl sie sich nicht einmal sprachlich verständigen können.

15. Januar

Seit zwei Tagen ist ein Bischof aus Brasilien bei uns zu Besuch. Erneut erschließt sich mir ein Zugang zu dem Schatz an Glauben, Feinfühligkeit und schöpferischer Kraft der Christen dieses Kontinents.

Die Jahrhunderte kirchlichen Imports nach Lateinamerika haben unsere Beziehungen zueinander verzerrt. Nun stehen in Lateinamerika Frauen und Männer auf, um uns in unserer Selbstgefälligkeit, unserm Heidentum und Unglauben zu evangelisieren.

16. Januar

Brief an einen jungen italienischen Katholiken: „Mit Christus leben für die Menschen. Konkret kann das bedeuten, sich mit seinem ganzen Leben einzusetzen, daß die katholische Kirche wieder zum Eigentlichen ihrer Berufung findet: Ferment sichtbarer, brüderlicher Einheit in der gesamten menschlichen Gemeinschaft zu sein. Liegt nicht dort unser Auftrag und von jetzt an unser gemeinsamer Weg?“

19. Januar

Jetzt zu Beginn der Weltgebetswoche für die Einheit wird die konfessionelle Unbeweglichkeit deutlicher sichtbar.

Gestern waren viele Leute aus der Umgegend in unserer Kirche. Die Priester saßen bei uns; der Diözesanbischof hat gepredigt. Jedes Jahr sind wir an diesem Tag auf gleiche Weise eng miteinander verbunden. Und doch bleiben wir in der Eucharistie getrennt, obwohl wir alle im gleichen Glauben daran glauben.

Dennoch verläßt mich mein Optimismus nicht. Das Unmögliche öffnet dem Möglichen den Weg!

20. Januar

Heute am 20. Januar denke ich an meinen Vater. Vor nunmehr vierundzwanzig Jahren erfaßte ihn ganz unversehens ein Leiden, das ihn binnen weniger Tage dahinraffte.

Ein grauer, trüber Tag. Das Wetter könnte nicht unfreundlicher sein. Aber selbst im noch so tief hängenden Himmel zeigt sich immer ein lichterer Bereich.

Ich bemühe mich, als Mensch zu leben, der um seinen unentrinnbaren Anteil an Einsamkeit weiß.

23. Januar
Ich stehe unter dem Eindruck von Gesprächen, bei denen die Nervosität meines Partners mich zu einem aufmerksamen Zuhören und einer gesteigerten Offenheit für ihn nötigt. In solchen Augenblicken frage ich mich manchmal: Entsprechen solche Situationen dem Willen Gottes? Heute morgen hätte die Antwort gelautet: Die Kirche schleppt unsere gesamte Menschlichkeit mit sich, und die inneren Spannungen eines Menschen gehören mit dazu.

27. Januar
Kurzer Aufenthalt in Paris. Ein Abend mit einem jungen Astrophysiker aus Bombay. Ich formuliere ihm gegenüber die Frage, die mich nicht losläßt. Jetzt, wo ich Ostern nahen fühle, frage ich mich, ob wir die Kraft haben werden, uns mit der jungen Generation weiter vorzuwagen. Ich wollte auf den Plan eines Konzils der Jugend verzichten.

Danach denke ich allein weiter und sage mir: Was mich persönlich betrifft, gibt es nichts Schlimmes, nicht einmal den eigenen Tod. Aber es geht hier nicht um mich selbst. Soll ich, was in die Wege geleitet worden ist, anhalten? Wäre ein Aufgeben in den Augen der Jugendlichen Feigheit? Habe ich mich genügend befragt, ob alle Voraussetzungen vorhanden sind?

28. Januar

Wenn man verschiedene Schriften liest, sogar sehr seriöse Zeitschriften, findet man immer wieder die Aufforderung, sich vom Boden der Realität zu lösen! Ideen sind da. Mit Hilfe der Phantasie läßt sich daraus ein Schleier vergoldeter Alibis weben. Leicht läßt sich die Realität vergessen.

29. Januar

Wenn mein Gesprächspartner ein Ungläubiger ist, verflüchtigt sich dann die Gegenwart Christi? Sie ist anders, mehr kann ich nicht erfassen.

30. Januar

Ein junger Mann fragt mich: „Wie sehen Sie in der heutigen Kirche den Dienst der Autorität? Wie sehen sie ihn für sich selbst als Prior von Taizé?"

Allzu häufig hat man Autorität mit weltlicher Macht identifiziert, während sie in der Kirche zuallererst Gemeinschaft bedeutet. Autorität kann weder monarchisch noch demokratisch verstanden werden; sie ist pastoral.

Ich sehe in meinem eigenen Dienst einen Dienst an der Einheit. Prior von Taizé zu sein, bedeutet in meiner Sicht, Mensch der Gemeinschaft zu sein.

Vom Hirten sagt uns Christus, daß er sein Leben hergibt, daß er sich dem reißenden Wolf, der stets darauf aus ist, Spaltung hervorzurufen, in den Weg stellt. Ich brauche ein Stückchen vom Mut Christi, um nicht angesichts der Schwierigkeiten aufzugeben, um nicht zu entfliehen, sondern im Gegenteil dazu Einheit entstehen zu lassen, um in gespannten Situationen Ausgleich zu schaffen und auch um unsere Gemeinschaft in der Gemeinschaft mit der ganzen Kirche zu halten.

Bei der Ausübung dieses Dienstes interessiert mich die Macht überhaupt nicht. Ich weiß ganz einfach, daß unsere Gemeinschaft die Berufung hat, tagtäglich ein Gleichnis der Einheit zu leben, und daß sie dies nicht ohne einen Diener kann, den Prior, der das Wesentliche des Gesamten herausstellt.

Dieser Dienst an der Einheit stellt den, der ihn versieht, nicht an die Spitze einer Pyramide, sondern in die Mitte seiner Gemeinschaft.

1. Februar

Den ganzen Tag über, wo ich auch bin und mit wem ich auch spreche, finde ich Wege, um zu sehen, was sich am Himmel abspielt. So viel schöpferische Fülle in ständiger Entfaltung, so viele von glänzenden Grautönen aufgehoben. Goldtöne rufen in mir Beschwingtheit hervor; und ich trage ohne Mühe die Last der Widersprüche.

2. Februar

In diesen Tagen ist der Druck, der von verschiedenen Seiten auf mich ausgeübt wird, so widerspruchsvoll, daß ich mich zu fragen beginne: Bin ich blind? Ist meine Ansicht der Dinge eine Illusion?

Die Stille in meinem tiefsten Innern läßt mich die Angriffe Tag für Tag hinnehmen.

3. Februar
Ein erster Frühlingshauch kommt durch das Südfenster. In der Ferne säumt ein Strahl wechselnden Lichtes die Höhen von Cluny. Ich möchte mir nichts entgehen lassen von diesem Zauberspiel der Verheißungen.

4. Februar
Der Mensch ist Träger Christi, und doch läßt sich Christus nicht auf Menschenmaß reduzieren. Wir würden ihn nur zu unserer Selbstprojektion machen.

5. Februar
Ein Bruder reicht mir einen Zettel, auf dem er das Ergebnis einer inneren Auseinandersetzung notiert hat. Was sein Leben für Christus anspruchsvoll macht, bringt ihn seinen Brüdern noch näher. Vielleicht ist es das Bewußtsein einer Armut, das ihm diese Transparenz gibt.

6. Februar
Gespräch mit einem jungen Italiener. Er war schon oft hier, doch sind wir einander noch nie begegnet. Weihnachten, als ich mit Hunderten von jungen Menschen sprach, war er mir aufgefallen. Weshalb? Ich wüßte es nicht zu sagen. Von unserm

ersten Gedankenaustausch an brachte mich seine Klarheit und Schlichtheit zu der Überzeugung, daß er sich als Europäer am interkontinentalen Team beteiligen sollte, das die Nachricht, die im Entstehen ist, zu Ostern verkündigen wird.

9. Februar

Ein Mann in den dreißiger Jahren mit einem feurigen Blick unterbrach mich gestern während des Dialogs in der Kirche, um mich zu fragen, wie man auf Untreue gegenüber Christus reagieren solle. War meine Antwort enttäuschend? Ich habe ihm gesagt: Wir treten in die Fastenzeit ein, eine Zeit, die besonders geeignet ist, das Innere des Menschen zu prüfen. Vierzig Festtage, an denen man die Freude der Vergebung neu entdecken kann.

Heute morgen traf ich ihn wieder. Er ist Priester, und ich begreife nun, was bei seinem Kampf auf dem Spiel steht: Sein Ja, das er einmal vor Christus und der Kirche gesprochen hat, enthielt wie bei jedem Menschen auch psychologische Motivierungen. Die Menschen seiner Umgebung haben vielleicht nicht ausreichend geprüft, ob das in ihm erforderliche Minimum für ein Leben als Priester vorhanden war. Doch läßt sich eine Berufung nicht auf die rein psychologischen Elemente zurückführen. Sein Ja kann kein totaler Irrtum sein. Es bleibt das Ja des Glaubens.

Bei dem gleichen Dialog fragte mich ein Jugendlicher; er war ziemlich weit entfernt und war schüchtern: „Wer ist Christus für Sie, Bruder?“ Noch nie war mir diese Frage in aller Öffentlichkeit gestellt worden. Ich frage ihn nach seinem Namen: Er heißt Alain und kommt aus dem Grubenbezirk ganz in der Nähe. Ich bitte ihn, die Frage vor dem Mikrofon zu wiederholen. Er tut es mit dem typischen Akzent unserer Gegend.

Für mich ist Christus der, von dem ich lebe, aber auch der, den ich mit euch zusammen suche.

16. Februar

Seit ein paar Tagen weiß ich, daß wir zu Ostern das Fernsehen hier haben werden. Die Eurovision will live den Augenblick übertragen, an dem das Konzil der Jugend angekündigt wird. Sie schreiben die Uhrzeit vor, gegen Ende des Vormittags. Ich brauche nur daran zu denken, um alle Freude zu verlieren. Die jungen Menschen kommen vor allem, um die Auferstehung zu feiern. Das ist das Wesentliche. Der Gottesdienst am Ostermorgen darf auf keinen Fall von den technischen Erfordernissen der Direktübertragung zwei Stunden später in Mitleidenschaft gezogen werden. Heute haben wir uns darauf geeinigt, den Leiter der Sendung anzurufen und ihn zu bitten, daß er die Sendung auf den Osternachmittag verschiebt. Er will nicht. In dem Fall werden wir auf die Eurovision verzichten. Vielleicht geht es ein andermal. Nachdem diese Entscheidung getroffen war, ist es, als ob wieder freies Feld für Spontaneität geschaffen wäre.

17. Februar

Es gibt Christen, die ihre eigene Auffassung von der Gesellschaft mit Gewalt durchsetzen wollen. Andere unternehmen alles, um Ideologien, die den Atem ersticken, anderen aufzudrängen. Wieder andere schließen sich heute gegen die Pornografie zusammen. Ob Christus uns dazu ruft, uns zu organisieren, um unsere Ansichten durchzusetzen?

Aus welchen Motiven handeln diejenigen, die Kreuzzüge gegen die Erotisierung führen? Wollen sie andere durch eine einfache äußere Moral schützen, die nicht fähig ist, das Innere des Menschen zu ändern? Für die Lauterkeit des Herzens ist ein intaktes Äußeres nicht genug. Sie geht tiefer und will mit heuchlerischen oder berechnenden Haltungen aufräumen. Und wenn bei manchen der Beweggrund eine Frustration wäre? Wenn man eine Moral von eigenen, unbefriedigt gebliebenen Wünschen aus entwickelt, hat das nichts mit dem Evangelium zu tun.

23. Februar

Achttägige Fahrt durch Spanien. Tage, die übervoll waren von Glück. Die Vitalität des spanischen Volkes, vor allem im Süden, wirkt erfrischend.

In Málaga sind wir mitten in der Menge auf den

Straßen der Innenstadt. Wir müssen uns geradezu einen Weg durch die Massen bahnen. Die großen Fliesen, die glatt sind wie eine Eisbahn, laden mehr zum Gleiten als zum Gehen ein. Aus dem Stimmengewirr steigen die hohen Töne eines andalusischen Volksliedes auf.

Wir treten in eine Kirche ein. Junge Leute begleiten auf der Gitarre rhythmische, unbekannte Weisen. Ein älterer Mann liest aus dem Alten Testament vor. Ein Mädchen in langem, dunkelrotem Mantel tritt vor und liest die Epistel. Wo bin ich? Mitten in Südspanien, wo selbst in der Kirche alles anders ist als gestern. Noch nie zuvor hatte ich eine Messe mit rhythmischer Musik erlebt, und nun lasse ich mich hier an den Grenzen Europas von ihrer Ausdruckskraft mitreißen.

24. Februar

Wir haben eines der Ziele unserer Reise erreicht. Nachdem wir von der Nationalstraße nach Bassa abgebogen sind, auf einen schmalen, aber immerhin befahrbaren Weg, schlagen wir für 30 km eine steinige Piste ein. Die Farbe des Bodens wird mehr und mehr goldbraun, je weiter wir kommen. Dreimal müssen wir bis auf den Grund breiter Einbrüche hinab, die die Erosion in Jahrhunderten in die Hochebene gegraben hat.

Campo Camara, ein Dorf in der Nähe der Sierra Sagra. Auf der Dorfstraße steigen wir aus und suchen möglichst schnell das Haus von Pedro Cano.

Der Eingang, der zugleich Türe und Fenster ist, ist halb geöffnet. Ich stoße sie auf und sehe ihn, zusammengesunken auf einem niedrigen Stuhl, direkt neben dem Herd. Im Halbdunkel wirkt er noch ausgemergelter als vor einigen Jahren. Er streckt uns die Arme entgegen. Seine Augen leuchten. Er nimmt unsere Hände in die seinen. Leute aus der Nachbarschaft drängen sich mit den Angehörigen in den engen Raum mit dem Lehmboden. Pedro besteht darauf, daß wir etwas zu uns nehmen. Nur das Familienoberhaupt und wir drei Gäste haben Anrecht auf Speck, Wein und Bier.

Das Dunkel der Nacht bricht herein. Wir wollen zurückfahren. Als wir wieder auf der großen, asphaltierten Straße sind, fällt mir auf, daß wir alle drei schweigen. Was sollten wir einander sagen? Wir haben ein Antlitz Christi gesehen.

M. ist eingeschlafen. Sonst unterhält er uns oft im Wagen durch seine Geschichten. P. erhöht das Tempo. Man hört nur das Sausen des Motors. Mit hoher Geschwindigkeit durch die Nacht fahren – ein Traum meiner Kindheit.

12. März

Vier Tage in Konstantinopel. Als wir uns auf dem Rückweg klarmachen, daß dort ein Mann von sechsundachtzig Jahren, der Patriarch Athenagoras, mit geringen Mitteln, einer komplizierten politischen Situation unterworfen, eine Ausstrahlungskraft besitzt, die in die Nähe und in die Ferne reicht, wächst unsere Hoffnung.

Ich habe Worte gehört, die man unmöglich wiederholen kann. Sie prägen, sie wiegen schwer. Ihm liegt an der Einheit unter den Orthodoxen, dafür lebt er. Seine Größe ist seine Weitherzigkeit. Bis zu meiner letzten Stunde werde ich ihn vor mir sehen, wie er beim Abschied die Hände erhob, als zeige er den Kelch der Eucharistie, und noch einmal sagte: „Der Kelch und das Brotbrechen – eine andere Lösung gibt es nicht; denken Sie daran ..."

14. März

Mir blutet das Herz. Der Tod von Philipp, am 25. Februar, trifft mich erst jetzt in der Tiefe. Ich hatte das Ereignis allein im Zusammenhang der Gemeinschaft der Heiligen zu sehen gesucht, und nun, drei Wochen später, begehrt mein menschliches Fühlen auf.

Philipp, ein Bruder des Beginns. Wenn er dabei war, endete alles stets mit Lachen. Seit dem Augenblick, als ich in Spanien die Nachricht erhielt, frage ich mich immer wieder nach dem Sinn der Herzattacke bei diesem noch jungen Menschen. Warum dieser Schmerz? Wie so viele andere vor mir angesichts einer Trennung finde auch ich mich bereit, keine Antwort zu haben.

23. März

Junge Menschen aus allen Kontinenten sind gekommen. Gemeinsam werden wir eine Nachricht verkünden. Ich wiederhole mir: Gott erwartet uns jenseits des Ereignisses. Wenn wir dorthin gelangt sind, werden wir standhalten. Unter den jungen Menschen ist auch Maximinio, ein junger Bauer aus Nordostbrasilien. Ein Armer unter vielen Armen. Als er in Lissabon ankam, besaß er weder Jacke noch Mantel. Er fragt sich, wie unsere Mägen drei Mahlzeiten am Tag bewältigen.

28. März

Karsamstag. Ich habe Maximinio gebeten, beim Mittagsgebet meinen Platz einzunehmen und sich auf meinen Schemel zu setzen. Eine ungewohnte Geste, die niemand verstanden hat.

29. März

Die „fröhliche Nachricht" ist verkündet. Das Konzil der Jugend wird das Werkzeug zu ihrer Verwirklichung sein.

In der vergangenen Nacht wachte ich auf mit dem Gedanken: Du wirst es nicht schaffen, dir werden die Worte ausbleiben!

Heute nachmittag, als ich das Mikrofon in die Hand nahm, um das Konzil der Jugend anzukündigen, flüsterte mir ein junger Italiener ins Ohr: „Bruder Roger sprechen Sie laut; die Botschaft vom Konzil der Jugend muß verkündet werden." Wie gut er mich kennt.

1. April

Ein friedliches Herz behalten angesichts der Begeisterung der vielen während der letzten drei Tage. Ein friedliches Herz behalten, wenn die Kritik kommt.

Montag abend ist Maximinio wieder heimgefahren. Ich baue auf diesen Zeugen. Lebendig gegenwärtig bleibt mir sein Segen im Augenblick seiner Abreise: „Empfange meinen Segen. Gesegnet sei das Herz des Armen, das durch Christus versöhnt und geeint worden ist.“ Bevor er mich verließ, sagte er mir noch: „Meu coração está cheio de felicidade (Mein Herz ist voll von Glück).“

Diese Tage über haben wir ständig die Gesichter des Menschen gesehen, der Opfer des Menschen ist – mit unsern eigenen Augen; wir haben die Schreie gehört, die aus den tiefsten Abgründen aufsteigen: Maximinio, Ann, Michael, Maria, Edna.

Nach der Ankündigung des Konzils der Jugend hatte ich mit einer Flut von Mißverständnissen gerechnet. Doch darin hatte ich mich getäuscht.

In meiner eigenen Jugend siegte bisweilen die Furcht. Ich begriff nicht, weshalb es so viele Kämpfe gab, die aussichtslos waren. Diese Furcht überkam mich erneut in den Jahren von 1948 bis 1960 – diesmal wegen des Kampfes für die Einheit der Kirche. In meinem jetzigen Alter will ich die Freude bewahren, die bleibt.

8. April
„Nicht die, die Gott sehen, sind Heilige, sondern diejenigen, die an ihn glauben", schrieb die heilige Theresia von Ávila.

14. April
In Genf bei unserem Besuch beim Ökumenischen Rat hat es besondere Augenblicke gegeben: das Gebet, die beiden gemeinsamen Mahlzeiten. Doch die Gespräche reichten nie bis an das heran, was wir einander eigentlich mitteilen wollten. Die Macht der Säkularisation ist dort spürbar.

16. April
Neulich kam mir, gerade als ich die Lampe löschte, um einzuschlafen, ein Gedanke: Vielleicht ist dies mein letztes Einschlafen auf Erden, das letzte Mal, daß sich die Augen schließen, die voll sind von der Heiterkeit irdischer Farben und Harmonien.

18. April
Welchen Wandlungsvorgang im menschlichen Bewußtsein erleben wir heute!

An die Menschen und die Dinge der Vergangenheit – und selbst einer jungen Vergangenheit – treten die Jugendliche oft nur mit Kritik und Protest heran. Dieses weltweite Phänomen betrifft im übrigen junge Menschen aller Gesellschaften, seien sie christlich oder nicht. Gleich allen Menschen leiden sie unter einem Zweifel an sich selbst, und sie suchen brutal nach einer Selbstbestätigung, um ihrer selber sicher zu werden.

Im Bewußtsein der gewaltigen Bevölkerungswelle unserer Zeit entdecken sie die Macht ihrer Zahl. Manche ahnen dann ihre Fähigkeit voraus, an der Macht teilzunehmen oder, ganz schlicht, gewaltsam die Macht an sich zu reißen im Hinblick auf jene gerechtere Gesellschaft, die sie verwirklichen wollen.

Durch ihren Protest setzen die Jugendlichen auch die Qualität der älteren Menschen herab. Zuerst möchten sie wissen, ob sie jemandem Vertrauen schenken können.

Regt man sich über diese neue Manier auf und verschließt sich, so kann man keine grundlegenden Fragen mehr mit ihnen angehen, und der Dialog ist unterbrochen.

19. April

Den ganzen Tag über ist mir die Überlegung vom Vortag durch den Kopf gegangen. Wer hätte mir noch vor fünf Jahren gesagt, daß ich heute so vielen jungen Menschen gegenüberstehen würde, die im Namen Christi protestieren? Ich kann mich noch gut an den Schock erinnern, den ich bei einem großen Jugendtreffen in Taizé erhielt. Das war 1966, also geraume Zeit vor dem Mai 1968.

Ein Bruder erinnert mich gerade daran, daß ich im gleichen Jahr 1966 zu Beginn meines Buches „Einmütig im Pluralismus“ schrieb: „Den Pluralismus um seiner selbst willen, ohne eine Einmütigkeit im Grundlegenden, wollen bedeutet auf kurz oder lang den Tod des Glaubens auf Erden wollen. Die Zerstreuung liefert die Menschen dem Protest gegeneinander aus." Ich erinnere mich nicht, diese Worte geschrieben zu haben.

Mit dem Abstand, den mir das Alter nach und nach gibt, beginne ich zwei Arten von Protest unter den jungen Christen zu unterscheiden:

Für eine kleine Anzahl ist der Widerspruch zum Selbstzweck geworden. Wenn es zum Dialog kommt, dann besteht die Gefahr, daß bei ihnen dadurch irrationale, nicht zu bändigende Antriebe wach werden.

Doch gibt es eine ganz große Mehrheit, bei der es anders ist: Sie setzen sich dem Evangelium aus, das gegen sie selber protestiert. Sie leben von dem Wort, das sie fordert. Wie werden wir auf sie hören? Oft frage ich mich, ob Petrus auch sie meinte, als er sagte: „Hört auf das prophetische Wort."

Diese jungen Christen beschäftigen sich intensiv mit Fragen des Gebets und des Glaubens und wehren sich andererseits dagegen, einfach vereinnahmt zu werden. Sie begreifen nur schwer, warum man ihnen nicht vertraut. Zu viele Schutzmauern. Ob viele oder wenige Überlegungen hinter den Warnungen stehen, ist ihnen gleich. Sie sind nach ihrer Meinung sinnlos. Wie können Charisma und Institution, Spontaneität und Kontinuität einander ergänzen?

21. April

Unter einem dunstigen Himmel ist der Frühling gekommen. Ich sehe ihn nicht mehr, ich höre ihn.

Während ich mich mit dem ehemaligen Bischof von Autun unterhalte, bringt mir ein Bruder die Zeitung. Eine schöne Nachricht: Der Papst hat sonntagmittag von seinem Fenster aus zu der Menschenmenge über die Schwierigkeiten des Ökumenismus gesprochen und anschließend über die orthodoxen Kirchen. Nachdem er erklärt hatte, es gebe gute Vorzeichen, hat Paul VI. wörtlich gesagt: „Wir blicken respektvoll und mit Sympathie auf Taizé."

28. April

Bewunderung, Staunen: Diese Werte des Evangeliums machen den Weg frei für den „Enthusiasmus", was wörtlich bedeutet: „ergriffen sein von Gott".

29. April

Gestern hatte ich Besuch von Pater V. Nie zuvor war unsere Übereinstimmung so tiefgehend. Ich erinnere ihn daran, daß wir 1949 mit dem Postulat der Kleinen Brüder Jesu gerechnet haben. Doch wurde es von der katholischen Hierarchie abgelehnt. Ich war mir damals klar darüber, daß ihr Kommen uns auf einen gemeinsamen Weg bringen kann. Ich sagte mir: Welchen Sinn hat es, eine neue Gemeinschaft ins Leben zu rufen, wenn die Kleinen Brüder von Charles de Foucauld eine uns nah verwandte Berufung leben? Wir konnten sie nicht bei uns aufnehmen und waren genötigt, ohne sie die ökumenische Berufung reifen zu lassen und dahin zu kommen, wo wir heute stehen. Ich blicke noch heute mit der gleichen Bewunderung auf sie wie am ersten Tag.

Wir sprechen von der Vorbereitung des Konzils der Jugend. Pater V. plant in einem andern Kontinent eine Fraternität von vier oder fünf Brüdern gemeinsam mit uns. Zwanzig Jahre Wartezeit...

Gemeinsam sind wir in die romanische Kirche gegangen und sind vor dem Allerheiligsten niedergekniet. Kann ich das schreiben? Ich möchte keine Wunder, die meine Fassungskraft übersteigen, und doch – ein inneres und ein äußeres Licht erfüllte den Ort. Ich bin nicht länger geblieben, ich stand auf, denn ich scheue mich, Gott zu versuchen.

6. Mai

Gestern wurde ein Kind geboren, das mir vom ersten Augenblick an lieb ist: Jean Christophe Rémy, ein Großneffe, der siebenundsechzigste. Christoph – Christusträger: Ich weiß, das wird er sein.

7. Mai

Ein Mann, etwa vierzig Jahre alt, fragte mich ernsthaft, wie man einen zweiten Anlauf nehmen und an seiner Berufung festhalten kann. Für mich gibt es nur einen einzigen Weg: immer und immer wieder zum ersten Beginn zurückzukehren. Damals hatte der Entschluß, sein ganzes Leben zu geben, dichte Nebel zerstreut und Glück aufbrechen lassen. Wenn man die ursprünglichen Entdeckungen wieder in sich aufnehmen kann, gelangt man zu einer der Quellen für das Fest. Nicht nur einmal, viele Male kann man sich dann neu auf den Weg machen, bis zum Tod.

10. Mai

Gestern sagte ich mir: Bald ist die Osterzeit zu Ende. Wie ein Blitz ist sie vorübergegangen. Und heute erhielt ich dieses Blatt von einem Jugendlichen: Das gemeinsame Gebet ist Leben, kein Zwang, etwas Lebendiges. Es ist Feier, nicht Askese... Die Stille ist dicht, greifbar, so echt, daß sie beinahe wie ein Sakrament ist. In der persönlichen Frömmigkeit begegne ich eher dem Gott des Karfreitags, im gemeinsamen Gebet habe ich den Christus von Ostern wiedergefunden.

11. Mai

Meiner alten Gewohnheit gemäß, mehrere Tage hindurch beim Schreiben dieselben musikalischen Themen zu hören, lege ich das Oboen-Konzert von J. S. Bach auf. Ich vernehme darin das gesamte menschliche Flehen und eine Antwort darauf. Ich höre in Farben. Diese Musik ist orangefarben, ebenso wie das Jahr, das für mich heute endet.

Zu dieser Stunde, um 17.30 Uhr, sehe ich durch mein Nordfenster, wie der klare Himmel sich mit ungeheuren Haufenwolken füllt. Dort in der Höhe weht der Wind, während hier ganz in der Nähe die Linden unbeweglich bleiben. Der Wind treibt die Wolken aufeinander zu, um sie danach zu zerstreuen. Ich bin da, in Glück versunken, den Kopf erhoben.

12. Mai

An diesem Geburtstag werde ich von meinen Brüdern wie von meinen Angehörigen geradezu mit Teilnahme überschüttet.

Heute morgen kam ein Brief von R. Der Bruder ist wieder krank. Auf seiner langen Rundfahrt durch Lateinamerika hat er mit eigenen Augen das Gesicht der zertretenen Menschen gesehen. Aber in seiner Einsamkeit, fern von hier, hat er zugleich die Dynamik einer neuen Generation begriffen. Und jetzt erhalte ich von ihm aus Buenos Aires dieses Telegramm: „Dein Fest sei ohne Ende ...“

Gesicht in der Menge

Aus der Werkstatt der Herderbücherei

Keine Routine, kein vergrößertes Programm, monatlich zwei Bände seit Gründung der Herderbücherei; dennoch in 14 Jahren über 400 Nummern (4,70 Meter Bücherbrett, also für einen Junggesellen, der nur über ein Zimmer verfügt, beachtliche Raumbeanspruchung) und 10 Millionen verkaufte Exemplare. Eine Bibliothek von einer beachtenswerten Universalität; die Zahl allein macht es eben nicht.

Die Herderbücherei hat sich nicht nur im Hinblick auf die Titelzahl, auch in der Gestaltung des Programms bewußt Grenzen gezogen, und diese Grundhaltung sollte sich geradezu als Tugend erweisen, die der Herderbücherei bis heute wohl ansteht. Sie hat – festhaltend an ihrer Grundkonzeption – ihren eigenen Platz auf dem sicher nicht nur dichtbesetzten, sondern geradezu überquellenden Taschenbuchmarkt –, und diesen Platz hat sie behaupten können.

»Geistiges Profil, fortwährend schärfere Konturen«, so urteilt eine angesehene Schweizer Zeitung. Im Ablauf der Jahre haben die Käufer und Leser das Profil der Herderbücherei gelobt, Studenten, Akademiker, Hausfrauen, Ingenieure, Schwestern, Geistliche, Kaufleute, Beamte, Handelsschüler usw.: alle zusammengenommen hauptsächlich junge Menschen.

Wo steht die Herderbücherei? Links, rechts? Ist sie progressiv, restaurativ, modern, antiquiert? Alle diese Begriffe sind heute ausgelaugt. Bedeutsam scheint uns zu sein beim Durchblättern des letzten Verzeichnisses: eine Fülle von

Titeln und Themen und eine große Anzahl von Verfassern mit Rang und Namen, keineswegs nur Katholiken, sondern evangelische Christen, Orthodoxe, Juden, Liberale, Gläubige und Ungläubige. Eine Bibliothek, in Offenheit und Bereitschaft zum Dialog sich bekennend, bemüht um Klarstellungen (das ist der Titel eines jüngst erschienenen Bandes der Herderbücherei), um Information und eine geistige Geschlossenheit.

Zwischen Autor, Verlag und den Freunden der Herderbücherei besteht eine persönliche Bindung, glücklicher Ausgangspunkt, um Gedankengänge in eine breitere Öffentlichkeit eindringen zu lassen. Das gelingt. Ein bedeutender, angesehener Biologe sagte vor Jahren: »Ich bin glücklich, daß meine noch wenig in der Welt herumgekommenen Texte nun für viele greifbar sind.«

Die Herderbücherei erwirbt so weit als möglich Taschenbuchlizenzen. Das ist heute nicht leicht, weil um solche Lizenzen geradezu gefeilscht wird. Von Anfang an hat sich die Herderbücherei glücklicherweise um Originalbände bemüht, die sie mit großem Erfolg anbieten konnte. Käufer und Leser der Taschenbuchreihe haben solche Bände angeregt, über 100 Bände.

Aus Anlaß des 400. Bandes im August 1971 wurde das Programm gestrafft. Die Sachbücher traten noch mehr in den Vordergrund. Die Bände erhielten ein neues, modernes Gesicht. Die Leser stimmten zu; denn die Herderbücherei konnte eine Zuwachsrate von 63 % registrieren.

Die Wochenzeitschrift »Publik« stellte der Herderbücherei dieses Zeugnis aus:

»Es ist kein Allerweltsprogramm, das die Herderbücherei anbietet, kein literarisches Warenhaus, sondern, um im Bilde zu bleiben, ein Spezialsortiment.«

Roger Schutz
Die Gewalt der Friedfertigen

Auf der Suche nach dem dritten Weg
Herderbücherei Band 421   128 Seiten   3. Auflage

Taizé – Begegnungsstätte der getrennten Christen, Aufbruch eines neuen gemeinsamen Glaubensbewußtseins. Die Aufzeichnungen des Priors von Taizé lassen den Leser teilhaben an der Erfahrung im Umgang mit vielen, vor allem jungen Menschen: „Warum muß ich so viele junge Menschen hören, die sich leidenschaftlich gegen die institutionelle Kirche wenden? Dabei sind manche von diesen institutionellen Formen notwendig, damit Christus unter den Menschen fortlebt und wirkt. Freu dich! Viele von diesen jungen Menschen lieben Christus, wie dies vielleicht nie zuvor der Fall war. Der Geist des Prophetentums ist nicht tot. Zwischen lastenden Strukturen und dem Nichts führt ein dritter Weg.“

Herderbücherei